숙명의 우정

박갑성과 김종영

NANAM
나남출판

숙명의 우정
박갑성과 김종영

박갑성 외 글
최종태 그림
김형국 엮음

2025년 4월 20일 발행
2025년 4월 20일 1쇄

발행자	조완희
발행처	나남출판사
주소	10881 경기도 파주시 회동길 193
전화	031-955-4601(代)
팩스	031-955-4555
등록	제406-2020-000055호(2020.5.15.)
홈페이지	www.nanam.net
전자우편	post@nanam.net

ISBN 979-11-92275-28-4
       979-11-971279-3-9(세트)

책값은 뒤표지에 있습니다.

숙명의 우정

박갑성과 김종영

박갑성 외 글
최종태 그림
김형국 엮음

NANAM
나남출판

차례

편집의 글
김형국
박갑성과 김종영 그리고
최종태 있음에_ 7

기획의 글
최종태
철학자 박갑성 선생과
조각가 김종영 선생 사이_ 31

박갑성
나의 친구 김종영

인간 각백을 말함 1_ 40
인간 각백을 말함 2_ 59
• 각백과의 소리 없는 대화_ 83
• 자각과 통찰_ 87
• 추모전 인사_ 104
• '무한'을 넘어 '영원'으로
  떠난 사람_ 106
• 김종영 이야기_ 108
• 김종영 형의 영전에서:
  각백, 이젠 좀 쉬시오_ 115

최의순
한록 선생
미래에서 현재를 본다_ 119

박 찬
아버지 회상_ 127

최종태
김종영 조각을 그리다_ 133

김동길
김종영: 한국 근대조각의 선구자,
화가로서도 서예가로서도
뛰어난 작가_ 183

문헌 출처 187
간략 연보 189

편집의 글

박갑성과 김종영
그리고 최종태 있음에

김형국
서울대 명예교수
가나문화재단 이사장

1980년대 후반은 비공 장욱진 非空 張旭鎭 (1917~1990)의 '신갈 시대'다. 편의상 '신갈'이라 했다. 정식 동네 이름은 용인시 마북리(마북동).

여름이던가. 오후 느지막이 한 칸이 화실이던 한옥의 대청에서 나는 장욱진과 모처럼 마주 앉아 한담을 나눌 참이었다. 그때 어느 틈새인가 소리 없이 옆자리에 동석하는 이가 있었다. 요셉 최종태 崔鍾泰 (1932~) 조각가였다.

스승들을 찾아

과묵한 장욱진 앞에서 나는 한두 마디 수인사 말고는 그냥 우두커니 마주 앉았던 참이었다. 요셉 역시 별말도 없이 당신 스승 옆에

서울대 미대 교수들 회식 후, 1950년대 중반.
뒷줄 가운데가 장욱진(수염), 그 오른쪽이 장우성 그리고 김종영,
앞줄 가운데가 장발(안경), 맨 오른쪽이 박갑성.

조용히 정좌했다.

겨우 내뱉은 한마디.

"윗동네 갔다 내려오는 길!"

동네라니? 당신 대학 시절의 미학과 교수 한록 박갑성閑鹿 朴甲成 (1915~2009) 집을 거쳐 동네 한 동선動線에 사는 장욱진 집에 당도한 바라 내게 귀띔했다. 한때 서울대 미술대학 동료교수였던 인연에도 불구하고, 한참 나중에 시골의 한동네 이웃이 되고 만 인연에도 불구하고, 대학 퇴직 이후로 두 교수는 서로 마주친 적이 없었다.

장욱진은 전업 작가가 되겠다며 4·19 혁명이 일어나던 해에, 박갑성은 서강대 철학과로 옮긴다며 1968년에 서울대 미대를 떠났다. 게다가 둘은 생활스타일이 전혀 달랐다. 전공 탓이기도 했겠지

만, 글로 만난 박갑성은 사변적인 분임에 견주어, 오래 친면親面으로 왕래해온 장욱진에게 내가 받았던 인상은 무척이나 직관적인 인격이라는 것이었다.

두 교수는 그렇게 더 이상 서로 만나지 않았다. 하지만 요셉에겐 직계 배움이던 우성 김종영又誠 金鍾瑛과 미학 전공 박갑성 그리고 뜻 맞는 급우들과 함께 만나온 서양화과 장욱진과는 줄곧 등거리 접촉이었다.

배움의 양 날개, 장욱진과 김종영

명륜동 시절의 장욱진을 거의 정기적으로 만날 때도 거기서 도보 거리이던 삼선교의 김종영 집을 다녀오는 경우가 많았다. 장욱진의 어록語錄도 최종태의 그런 자리 물음을 통해 쌓이곤 했다.

이를테면 장욱진 그림의 대표적 모티브가 하늘을 날아가는 새 네 마리인데, "그게 무슨 새냐?"고 물었던 이도 최종태였다. 금방 응답이 나왔다. "참새!" "기러기가 그렇게 줄지어 날지, 참새는 그렇지 않다"고 반론하자 "내가 그렇게 날라고 했네!"라고 즉답했다.

최종태의 연남동 화실 마당은 오후면 참새 떼가 몰려온다. 소나무에서 내리꽂듯이 내려온다. 기다렸다는 듯 요셉은 모이를 흩어 준다. 그 참새가 장욱진의 참새인가, 아니면 백담사 노스님 조오현 曺五鉉(1932~2018) 시인의 '온갖 새'인가.

〈산창을 열면〉 시 첫 연이 노래한다.

> 화엄경 펼쳐 놓고 산창을 열면
> 이름 모를 온갖 새들 이미 다 읽었다고
> 이 나무 저 나무 사이로 포롱포롱 날고….

어느 하루 경북 영양군 두곡산방의 육잠六岑(1958~) 스님이 상경했다가 참새와 더불어 노니는 최종태를 엿보았다. 경상도 벽지 독거 암자로 돌아가서는 최종태를 위해 아호를 지어 올렸다. '작희雀喜', 곧 "참새와 함께하는, 참새의 기쁨"이라고.

아무튼 대학 졸업 이후도 스승 받들기에 더욱 성심을 다해온 작희였다. 김종영과 장욱진 두 손놀림 미술 교수를 양 날개로, 미술 머리이던 박갑성을 더해 세 분을 멘토 또는 준거틀 frame of reference 로 모셔온 것이 작희 최종태의 반생半生이었다.

스승들의 교수 시절

장욱진은 자기몰입형 천성 탓으로 또래 친구가 없었다. 교수 시절에 그가 왕래했던 이라고는 아마도 같은 '술고래' 심산 노수현心汕盧壽鉉(1899~1978) 동양화가가 고작일 것이다. 학교 교수회의 자리에서 비공과 우성이 서로 물리적으로 마주쳤겠지만, 그 사이는 보나마나 '소 닭 보듯' 했을 것. 친구라면 문하를 드나들던, 당신을 따르던 주당酒黨 후배들, 굳이 말해 '술친구'들이 대부분이었다. 작희도 그 일원이었다.

한록은 달랐다. 문자 그대로 죽마竹馬를 타고 놀던 시절까지로 소급될 정도의 옛 벗이 우성이었다. 휘문고보를 함께 다녔고, 둘이 따르던 장발張勃(1901~2001)의 권면으로 일제日帝 시대에 도쿄로 유학 가서 하숙집 사이를 서로 오갔다. 한 사람은 우에노, 곧 도쿄미술학교에서 조각을, 또 한 사람은 가톨릭계열 조치上智 대학에서 철학을 공부했다.

둘은 해방 후 대한민국에서 서울대 미대(당시 '예술대학 미술학부'[01]) 초대 학장(학부장) 장발의 청빙으로 미술대학 교수가 되었다. 조각가 김종영에겐 미대가 본방·본령의 일터이고도 남았지만,

---

01 미술학부는 4개 과로 시작했다. 제1회화과(동양화과), 제2회화과(서양화과), 조각과, 도안과 등이다. 과별 교수는 각각 김용준, 길진섭, 윤승욱, 이순석이었다. 3·1 운동 민족대표 33인 중 한 사람인 길선주 목사의 아들 길진섭은 1947년 5월 월북했다.

한록이 속했던 미학과는 4·19 직후 학제 개편 때 서울대 문리과대학 문학부로 소속이 바뀌었다. 미학 전공이던 김지하 시인이 1959년 미술대학 미학과에 입학해 1966년 문리과대학을 졸업한 것은 그런 연유였다.

'절친'으로 한 대학 소속의 일자리이고 보니 우성과 한록 사이는 더욱 깊어질 수밖에 없었다. 건국 직후 일제 때 제각각이던 대학기관을 서울대 한 울타리로 통합하는 이른바 '국립대학안(국대안)'[02]을 놓고 반대 시위가 일어났다. 군정청의 수정법령 공포로 1948년 이 좌익운동이 조금 진정되었을 때, 국대안 반대에 앞장섰던 서울미대생 징계 건으로 교수회의가 열렸다.

주모자 중 한 사람인 미대생 김진항金鎭恒(1926~?)이 징계 대상에 오르자 동양화가이자 미술사학자인 근원 김용준近園 金瑢俊(1904~1967) 교수가 대학이 처벌 기관이 아닌 이상 '문제아'는 감싸안아야지 퇴학 처분은 가혹하다는 소견을 말했다.

그 반론인가 이견異見인가는 별무효과였다. 이견 정도가 아니라 교수회의는 격론의 자리가 되고 말았다. 그 정경을 서울대 미대 제

---

[02] 1946년 6월, 미군정청은 경성대학과 경성의학전문학교·경성치과의학전문학교·경성법학전문학교·경성고등공업학교·경성고등상업학교·수원고등농업학교 등을 통합하겠다는 '국립대학안'을 발표했다. 좌경 교수와 학생들이 반대한 까닭은 '국립대학안'이 고등교육기관의 축소를 의미하고, 총장 및 행정담당자를 미국인으로 한 것은 운영의 자치권을 박탈하는 것이며, 통합 조처가 각 학교의 고유성을 해친다는 것 등이었다(《한국민족문화대백과》).

1회 졸업생으로 현대 우리 동양화단의 큰 기둥이었던 이가 회고했다.03

> 장발 선생이 성격이 아주 급한 분인데, 그때 굉장히 격분했었나 봐요. 언성이 높아지고 옥신각신하던 중에, 급기야 장발 선생이 근원 선생에게 주먹질을 하는 일이 벌어졌답니다. 근원 선생은 그 자리를 떨치고 나가 버리셨대요. 그리고 그 길로 사람을 시켜 사표를 제출했답니다.

1948년 옛적 일이었다. 마침내 근원은 교수직을 사퇴했고, 여기에 수화 김환기 樹話 金煥基(1913~1974)도 동조했다. 이후 수화는 홍익대로, 근원은 동국대로 자리를 옮겼다.04

김진항은 1949년 10월 보안법 위반으로 구속되었다. 그런 그는 6·25 전쟁 발발을 계기로 물 만난 고기가 되었다. 인민공화국(인공) 치하 대한미술협회(현 한국미술협회) 행동책으로 지난날 자신을 감쌌던 근원을 서울예대 학장으로 임명하는 데 앞장섰다.05

---

03 서세옥, "나의 스승 근원 김용준을 추억하며", 《근원전집 이후의 근원》, 열화당, 2007.
04 그런 연유로 1949년 우리나라 수필문학의 백미로 꼽히는 《근원수필》 출판기념회가 동국대 강당에서 열렸다.
05 이도 잠깐, 9·28 수복이 임박했다. 근원은 서울미대 동료 교수였던 월전 장우성(月田 張遇聖, 1912~2005)을 찾아가 "한때의 부역이 되고 말았지만 본의가 아니었으니 감싸 줄 울타리를 찾을 수 없겠는가?" 타진했다. 남북 열전(熱戰)의 피바람 속인지라 장

서울로 달려와서 인공 치하 '미술사업'을 총괄하던 공산당 간부는 이중섭, 유영국, 김병기와 함께 일본 문화학원 동문이던 문학수文學洙(1916~1988)[06]였다. 상징적 의미도 보태졌던지 그는 보란 듯이 서울 명륜동 장발 한옥집을 징발해서 인공 시절을 살았다.

이처럼 6·25 전후로 서울미대가 소용돌이칠 때 우성과 한록은 장발이 이끄는 우익 전선의 말없는 동조자였다. 무엇보다 휘문고보 사제지간이었고, 대학교수 자리도 실질적 임용권자 장발의 배려를 입었던 처지였으니 말이다.[07]

탄생 110주년 기념문집

이 책은 '문자의 사람' 한록이 '조각의 손' 우성을 바라본 이야기를 집중적으로 뽑아낸 것이다. 서양말로 앤솔러지anthology, 우리말로 문집文集인 글 모음집이다. 마침 2025년은 동갑 두 교수의 탄생 110주년이다. 대부분 해묵은 글을 다시 모은 것은 옛 인연을 새삼 기억하자는 취지다.

우성도 어쩔 줄 몰라 하자 하릴없이 아내와 딸을 데리고 월북했다.
06 일본 유학을 마친 뒤 사회주의 리얼리즘 미술로 전향했다.
07 미국 유학을 마치고 돌아온 필자도 대부분의 다른 이들과 마찬가지로 서울대 교수로 뽑힘에는 학장의 배려를 받고서야 성사되었다.

문집에는 피란길에 무단히 헤어졌던 한록이 그 혼란통·북새통 부산에서 우성을 찾아서 만나는 경위도 적혀 있다. 한록이 필시 주일 성당 미사에 참례할 것으로 미뤄 짐작한 우성이 부산 중앙성당 앞에서 몇 주말을 기다린 끝에 조우하는 장면이 나온다.

친구를 찾으려는 우성의 차분하면서 신중한 행동방식은 "안 봐도 비디오!"라는 시쳇말대로 뚜렷했다. 실례의 말이 아닐까 좀 저어되지만, 알래스카 강줄기로 돌아오는 연어를 잡는 곰의 거동과 언뜻 닮았다. 물줄기 바위에 가만히 앉은 채로 상류 물길로 뛰어오르는 연어를 큰 입으로 덥석 물거나 앞발로 잡아채는 그 적확하고 단순명료한 광경을 닮았다.

신중한 거동이 거두는 후과(後果)는 무척이나 명쾌하면서도 단호했다. 이야기인즉 이렇다.

부산 피란에서 환도한 다음 우성은 옛적 서울대 문리과대학 뒤편에 있던 대학교수 공동관사(동숭동 낙산 자락)에서 한동안 불편한 생활을 한 적이 있었다. 하루는 관사에 동거하는 모 대학교수가 공동으로 사용하던 창고를 독점할 생각으로 아무 말도 없이 자물통을 채웠다. 보통 같으면 교수 집안끼리 대두리 싸움이 벌어지고도 남을 일이었다. 그러나 각백은 아무 말 없이 시장에 가서 좀 더 큰 자물통을 사오라고 해서 나란히 채워 두었더니 잠시 후에 아무 말 없이 풀더라는 것.

우리 세대라면 미국의 유명 복싱선수 무하마드 알리(본명 캐시

어스 클레이)를 기억할 것이다. 1960년 로마올림픽에서 금메달을 딴 뒤 프로 선수로 전향했던 헤비급이었다. 그의 승전勝戰 전략.

"나비처럼 날아서 벌처럼 쏜다!"

벽창호 이웃의 막무가내를 강편치가 아닌 가벼운 잽 한 번으로 완패시켜 버린 쾌거는 옛 장자長者의 언동言動이라던《논어》의 구절 '강의목눌剛毅木訥'의 산 표본에 다름 아니었다. 화를 돋우던 망동을 한 조치, 단 한 방으로 날려 버렸으니, 곧음의 '강剛', 결단성의 '의毅', 신중함의 '목木', 꾸밈없음의 '눌訥'의 명구名句가 한록이 적은 우성의 일화에서 완연했다.

우성과 한록의 우정

두 사람 사이는 중국 고사가 말한 '지음知音' 사이를 닮았다.08 춘추전국시대의 이름난 거문고 연주가 백아伯牙와 종자기鍾子期는 가까운 벗이었다. 종자기는 늘 백아가 연주하는 곡을 듣고 백아의 마음속을 알아채곤 했다. 백아가 산을 오르는 생각을 하면서 연주하면 종자기는 태산과 같은 연주라 말하고, 흐르는 강물을 생각하며 연주하면 흐르는 강의 물소리가 들리는 것 같다고 이야기했다.

---

08 《열자列子》,〈탕문편湯問篇〉.

이에 백아는 진정으로 자신의 "소리를 알아주는知音" 사람은 종자기밖에 없다고 했다. 이로부터 지음知音이란 말은 자신을 잘 이해해 주는 둘도 없는 친구를 빗대는 말이 되었다. 자신을 알아주던 종자기가 먼저 세상을 떠나자, 백아는 자신의 연주를 더 이상 알아주는 사람이 없다며 한탄하고 거문고의 현을 끊고 다시는 연주하지 않았다.

마찬가지로 우성의 작품세계를 누구보다 알아주던 한록이었다. 당연히 그의 작품세계를 말해 주는 미학 감상 글을 적었다.

미술대학에 재직하면서 그 교과과정에 맞춘 한록의 담당 과목 '미학'은 그의 철학 전공에서는 부전공 정도였을 것이다. 강좌에서 들려준 부전공의 미학 연학研學은 좀 난삽했다고 최종태는 회상했다.

해도 김종영의 작품세계를 꿰뚫어보는 한록의 감상 포인트는 말과 글이 그렇게 순순할 수가 없었다. 창작의 심리도 읽어냈기 때문이었을까. 지극한 사랑의 마음에서 적은 글은 따뜻한 정을 담기 마련이라 물처럼 순순히 다가왔던 것.

우성의 작품세계를 말함은 현학衒學이 아니라 담소 수준의, 담담하면서 마음에 스며드는 글이었다. 과연 우성의 현대조각은 그의 전시도록 등에 실린 한록의 발문跋文을 통해 애호가의 심금에 다가갈 수 있었다. 이른바 추상조각은 내남없이 항상 붙이는 작품명이 〈무제〉이기가 일쑤였는데, 특히 우성이 그랬다. 미술애호 초심자들은 추상작품이라도 이름이 붙으면 친근감을 느끼기 마련이라 여겼을까.[09] 〈꿈〉, 〈황혼〉, 〈새〉, 〈전설〉, 〈회상〉 등 우성의 초기 작품들 이름을 한록이 붙였다.

우성의 작품세계는 추상성이 특징인 현대조각을 추구했다.[10] 사실성寫實性이 기조인 고전주의적 전통조각과 달랐던 것이 자코메티, 브랑쿠시, 칼더, 노구치, 무어 등을 말함이었다. "표현은 단순하게, 내용은 풍부하게"라 했던 우성의 신조대로 "단순해진 추상성이 개별성을 풍부하게" 품을 수 있다는 입장이었다.

여기 우성의 대리석 조각이 있다. 하늘을 향해 두어 차례 굽어 올라간 모습에서 나무가 자라는 모습이 연상된다. 그렇다고 나무도 아니고, 수석도 아니다. 돌이니 나무일 리 없고, 초심자끼리는

---

09 기실 미술작품 제목은 믿을 것이 못 된다 했다. 화가가 〈무제〉라고 말하면 화상이 그냥 알아서 때로 또는 새로 작품 제목을 붙이는 것이 우리 화랑의 관행이었다. "예술작품을 제대로 감상하려면 제목을 보지 말라는 이야기도 있다. 작가가 즉흥적으로 붙인 제목이 나중에 바뀌기도 하고, 또 어떤 제목은 후대 연구자들이 임의로 붙이기도 한다. 이런 예술작품 제목을 돌아본 전시 '이름의 기술'이 국립현대미술관 청주관에서 열렸다(2024. 10. 11~2025. 2. 23). 국립현대미술관 소장품 1만 1,560점 중 관객이 난해하게 여길 만한 '무제', '기호', '문장형' 등의 제목을 가진 작품 37점을 소개했다. 먼저 '무제'는 추상작품에 가장 많이 사용된 이름으로 1970~1980년대에 멋이나 유행의 어조로 지어지기도 했다. 아무런 내용이 없어 불친절하거나 난해하게 느껴지기도 하지만, 이는 관객에게 해석의 자유를 주기 위한 의도였다. '기호형'은 의미를 알 수 없거나 불분명하게 내세워 작가의 의도를 감춘다. 김도균 작가의 〈b.vfd.46.1783921.266070~01, 2011〉이 그 예다. 문장형은 1990년대 이후 작품에서 자주 발견된다. 공성훈의 〈예술은 비싸다〉(1992), 김상진의 〈나는 사라질 것이다〉(2021)처럼 작품이 던지고자 하는 화두를 제시한다(〈동아일보〉, 2024. 10. 22).

10 허버트 리드, 《조각이란 무엇인가》, 이희숙 역, 열화당, 2001 참조.

무얼 닮았다고 자랑하는 그런 수석壽石도 아니다. 기실, 수석의 미학도 아무것도 닮지 않은 나름의 모양새를 수품秀品으로 친다. 수품은 또 다른 자연이 되니 독창적 창작품으로 돋보인다. 이게 바로 한록이 말하려던 우성의 미학이요, 작품세계였다.

우정의 한 기념비

우성의 미학을 풀어 말하는 한록의 언동에서 우정友情의 향기가 가득하다. 이 경우의 두 사람은 적극적 미덕active virtue 의 우정이다. 서로의 장점을 부추기는 우정이란 말이다. 우성의 작품성을 드높이는 한록의 글이 조각작품에 가독성可讀性 내지 감상력感想力 을 불어넣었던 것.

한편, 전쟁 뒤 우성이 상경은 했지만 신변이 제대로 정리되지 않아 한록 집에서 기숙한 적이 있었다. 우성의 곤경을 안아 준 한록의 배려는 소극적 미덕passive virtue 의 우정 나눔이었다.

우성과 한록이 보여 준 우정의 개별성은 서양의 명상·윤리학이 말해온 우정의 총론에 당연히 들어 있다. 동서양 철학 축적에서 우정의 덕목은 서양 쪽 발상에 준거하기 일쑤였음은 동양 쪽은 우정에 대한 빅워드big word 가 없었기 때문이었다.

서양 쪽에서는 로마시대 키케로Marcus Cicero (기원전 106~43)의

《우정론》이 널리 읽혔다. 견주어, 동양 쪽은 16세기 말 중국에 파견된 예수회 선교사가 우정이 주제인 서양철학과 격언을 한문으로 엮은 것이 고작이었다. 우정에 관한 서양의 격언과 철학자의 잠언을 찾아내서, 중국 사람이 이해할 수 있도록 원문을 가감해 정리한 책[11]이었다.

최초로 중국에 기독교를 선교했던 리치 Matteo Ricci (1552~1610)는 아울러 유럽의 과학과 문화도 전했다. 우리 식자들에게도 그의 이름이 진작 익숙했던 것은 그가 지은 《천주실의》가 한국 천주교 성립에 큰 영향을 끼쳤기 때문이었다. 1583년 9월부터 중국에서 문화와 풍속을 배우며 선교활동을 시작했던 리치는 유학경전 학습에도 매진하여 공자와 유가 사상을 최초로 서양에 소개하기도 했다.

리치의 《교우론》은 100마디 경구로 우정의 정체를 적었다. 51번째 마디가 말한다.

다만 벗이 있어야 그 사업을 능히 일으킬 수가 있다. 獨有友之業能起

덧붙여 이 말은 로마제국 수사학자 퀸틸리아누스 Marcus Quintilianus

---

[11] 마테오 리치·마르티노 마르티니, 《서양선비, 우정을 논하다: 마테오 리치의 〈교우론〉과 마르티노 마르티니의 〈구우편〉》, 정민 역주, 김영사, 2023.

최종태 개인전 오프닝 행사에서 김종영과 박갑성. 신세계갤러리,
1981년. 사진 전면에 최종태의 〈도끼형 여인상〉이 보인다.

(35?~100?)의 말 "벗이 있어야 사업도 있다"의 번안이다. 이 금언대로 한록이 우성의 '사업'을 알리고 펴는 데 신명을 다했다. 원론이 개별 사례에서 진실로 드러난 것이다.

역으로 진실의 개별 사례가 원론에 부합하자면 개별 사례의 실천·실행 전략이 필요하다. 그래서 동서양이 다 같이 낱낱 사람들의 '책선責善'을 강조해왔다. 벗 사이는 서로 "선을 권장하는" 사이라는 말이었다. "친구는 또 다른 나"라 했던 우정론의 선창先唱 키케로 또한 "자연이 우리에게 우정을 준 것은 서로서로 악덕惡德의 동반자가 아니라 미덕美德의 조력자가 되게 하기 위해서"라 했다.

그 책선이 어느 수준이어야 할지는 20세기 후반 한국 지성사에서 큰 자취를 남겼던 함석헌咸錫憲(1901~1989)의 은유 시가 그 높은 경지를 말해 놓았다.

만 리 길 나서는 길/ 처자를 내맡기며/

맘 놓고 갈 만한 사람/ 그 사람을 그대는 가졌는가//

온 세상이 다 나를 버려/ 마음이 외로울 때에도/

'저 맘이야' 하고 믿어지는/ 그 사람을 그대는 가졌는가//

탔던 배 꺼지는 시간/ 구명대 서로 사양하며/

'너만은 제발 살아다오' 할/ 그 사람을 그대는 가졌는가.

천하의 도쿄대학에 버금가던 명문 도쿄고등사범학교에서 수학하면서 동서양 고전을 많이도 접했다 하니, 함석헌도 필시 키케로의 《우정론》을 진작 읽었을 것이다. 이 경지에 우성과 한록의 우정이 자리했던 것.

숙명적 우정의 목격자

한록과 우성의 우정이 오래 기억되는 것은 무엇보다 전자가 우성 김종영의 작품세계를 관념적으로 널리 알렸기 때문이다. 그리고 둘의 우정과 우성의 작품세계를 각종 물증物證으로 구체적으로 알린 이는 최종태였다. 한국현대미술의 대표적 미학책이라 칭송받는 김종영의《초월과 창조를 향하여》출간에 앞장선 이가 바로 최종태였다. 미발표 작가 메모를 김종영 사후에 편집해 낸 것이다.

저자는 현대미술의 비조라고 세계가 칭송하는 세잔Paul Cézanne 을 두고 당신이 지극히 존경하던 추사 김정희秋史 金正喜의 서예도 같은 구조주의 계열이라고 논파했다. 그래서 하는 말인데, 미술가가 직접 적은 산문형 미학책인 김종영의 단행본은 장욱진의《강가의 아틀리에》와 더불어 한국현대미술의 큰 문자적 성취라고 나는 확신한다.

점입가경하여 초년에 문청文靑, 곧 문학지망생이던 최종태가 당신의 조각 작업만큼이나 열정적으로 매달려 투신한 일은 당신이 대자아代自我로 삼았던 스승들의 일대를 단행본으로 펴냄으로써 우리 현대미술 사랑의 지평을 넓히는 것이었다. 김종영에 대해선《한 예술가의 회상: 나의 스승 김종영을 추억하며》(열화당, 2009)를, 장욱진에 대해선《장욱진, 나는 심플하다》(김영사, 2017)를 적었다.[12]

"아는 만큼 좋아한다"는 말이 있다. 알자면 글이 사다리가 된다. 강한 표현력으로 말미암아 한때 미치광이로까지 여겨지던 반 고흐 Vincent van Gogh (1853~1890)를 불멸의 화가, 네덜란드의 자부심으로 올려놓은 데는 동생 테오 반 고흐Theo van Gogh (1857~1891)의 아

---

[12] 최종태는 대전사범 때의 미술 선생이던 서양화가 이동훈李東勳 (1903~1984)에 대한 일대기(김경연,《이동훈 평전》, 열화당, 2012)도 당신의 단골이던 미술책 전문 출판사에서 출간했다.

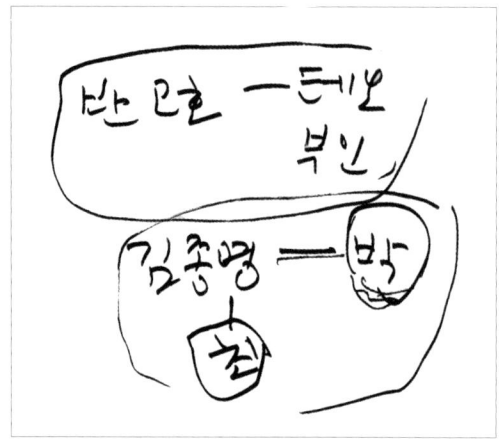

최종태의 메모.
반 고흐와 동생 테오와 부인,
그리고 김종영과 박갑성과
최종태의 관계가
예술가를 성장시키고
세상을 알렸다는 점에서
비슷함을 보여 준다.

내 봉허 Johanna van Gogh-Bonger (1862~1925)가 쏟아부은 필생의 집념이 있었다. 그녀는 〈고흐를 유명하게 만든 여성 The Woman Who Made van Gogh Famous〉이란 다큐멘터리가 만들어질 정도로 용맹분투했다.13 무엇보다 화가 빈센트와 화상이던 동생 테오 편지를 3권의 책으로 묶었고, 이어서 이를 영문으로 옮겨 내는 데 힘썼다.

---

13 수준급 피아니스트로 네덜란드의 한 여자고등학교에서 영어를 가르쳤던 봉허는 27세에 테오와 결혼했다. 테오는 형 빈센트가 죽자 전시회를 꾸몄다. 테오가 중병에 걸리자 이를 다스리려고 봉허가 초치했던 의사가 빈센트 그림에 크게 감동해서 글을 적었다. 몇 달 뒤 테오도 죽었다. 봉허는 남편 뜻을 받들어 빈센트를 알리려고 분투했다. 젊은 화가와 재혼했음에도 그림은 자신의 소유라고 못 박았다. 기성 미술세계의 냉담을 이기면서 형제간 왕복 편지를 정리·편집해서 네덜란드어와 독일어로 출간했고(1914), 제1차 세계대전 때는 뉴욕으로 가서 빈센트의 편지 526통의 영역에 매달렸다. 봉허가 죽자 그 아들(1890~1978)이 빈센트 현창 사업을 이어갔고, 마침내 1973년 암스테르담에 반고흐미술관이 세워졌다. 미술관은 드로잉 등을 포함해 고흐 작품 700여 점을 소장하고 있다.

"워드word 에서 월드world 를 본다"는 말대로 글은 세계로 다가갈 수 있는 무기다. 최종태의 글 또한 김종영 추상조각 세계의 아름다움과 진실을 세상을 향해 소리 높여 창도唱導하는 데[14] 큰 공덕을 쌓았다.

그림으로도 만나는 김종영 조각

최종태의 일련의 행각에서 특히 김종영에 대한 박갑성의 미학 글을 하나로 여기에 묶은 것은 예정된 순리다. 그림도 새로 그렸다.

세월 탓에 혹시 빛이 바랬다고 여겨질까 봐 나름으로 새 칠을 보탰다. 한록이 찬미해 마지않던 김종영의 조각세계를 최종태는 평면으로 그려 보여 주었다. 박갑성의 모습도 그려 주었다.

한국미술 감상에서 조각은 평면에 한참 뒤졌다. 이해의 저조로 조각이란 공공장소나 건물의 장식품 내지 기념물이라 여겨지면서 개별 작품세계에 대한 인식과 사랑은 지극히 미미했다. 어쩌다 전시회가 열렸고, 이름을 얻을 수 있는 기회인 미술시장의 작품 거

---

14 예술 창작도 일종의 '혁신革新'이다. 혁신이론에 따르면 세상의 혁신은 그걸 만드는 원혁신가original innovator 가 있고, 그 가치를 세상에 알리는 창도자advocate 가 있어야 한다. 그리고 이것을 납득하고 수용하는 이들인 수용가adopter 를 통해 세상의 진실이 된다고 했다.

래도 거의 없었다.

그 탓에 김종영의 조각작품은 애호가의 이목에 노출되지 못했다. 이 지경에서 우성의 작품세계가 공중에게 조금이나마 알려지기 시작한 데는 최종태의 글 공덕이 있었다. 이는 세계미술사에서 반 고흐의 미술이 세상에 알려진 경위와 닮았다.

비유하면, 반 고흐에게 테오 고흐가 있었다면, 김종영에게는 박갑성이 있었다. 반 고흐 형제에게 봉허가 있었다면, 김종영·박갑성에게는 최종태가 있었다.

최종태의 스승 받들기 반생

내가 요셉을 만난 때는 1970년대 중반이었다. 허전한 마음을 다스리려는 뜻에서, 기왕이면 높은 이상의 화신을 만나기 위해 1973년 가을부터 장욱진 화가 댁을 무시로 찾았다. 거기에 틈틈이 찾아오는 후배가 한 분 있었으니 바로 요셉이었다.

요셉은 옛 스승을 만나 미술계 사정이라든지 당신 신상을 털어놓았다. 말하자면 장욱진은 당신의 반향판 sounding wall 이었다.

그 언간에 벼락 치듯 한마디 말로 일갈하는 조언을 들었다. 이를테면 1970년대에 서울대 예체능계 교수들이 입시생을 상대로 과외수업을 하는 노릇은 입시의 공정성을 해치는 작폐라고 지적하는 사이에 당신은 국립대 교수의 박봉을 이기는 처지라고 말했던 가. 장욱진은 오히려 최종태에게 일갈했다.

"비교하지 말라!"

이후 교정에서 서울대 본부와 연건동을 오가던 셔틀버스에서 종종 작희를 만나곤 했다. 그때 그는 김종영이 파고다공원에 세운 〈3·1독립선언기념탑〉이 모리꾼들에 의해 철거되어 삼청동 공원 인가에 버려진 것을 바로잡는다고 동분서주했다. 사회의식이 충일한 미술계 투사가 따로 없었다. 오랜 실랑이 끝에 사태가 그나마 타협점을 찾았다고 들었다.

1980년대 중반인가는 창원시 소재 김종영 고가가 토지구획정리사업으로 담장 쪽이 잘려 나가는 낭패에 직면하여 창원시청을 찾을 것이라고 했다. 그러면서 "당신 고향이 이웃 마산이고 명색이 도시계획 전공이니 앞장서라"고 엄명했다.[15]

창원시장도 만났다. 한참 나중에야 김종영의 위상을 알아채고 고향을 빛낸 예술가로 치부하겠다는 몸짓인가 시늉은 보여 주었다. 긴말 짧게 하면, 김종영 옛 인연의 복원은 어수선한 채로 남았고, 오히려 서울 평창동의 '김종영미술관'만 아름다운 개인 미술관으로 빛나고 있다. 그 관장을 오래 맡았던 이가 바로 최종태였고,

---

15 이런저런 일련의 최종태 행각에 감명받아 나도 그의 반생기를 적었다(김형국, 《하늘에 걸 조각 한 점: 최종태 예술의 사회학》, 열화당, 2018).

미술관이 펼치는 각종 사업에 최종태의 이름이 먼저 나왔다.

최종태에겐 김수환 추기경도 법정 스님도 멘토였다. 그들은 떠났지만 최종태가 만든 면류관 대신 월계관을 쓴 예수도, 성모상 닮은 관음상도 그대로 남았다. 학창 시절의 스승도, 세상에서 만난 스승도 모두 떠나고 말았다.

"등 뒤에 기대고 있던 게 없어진 양 허전하다."

이 말은 한편으로 다 배운 뒤 거기서 벗어나는 게 예술가의 일임을 깨닫게 한다. 최종태는 미술사의 압력에서 자유로워지기까지 평생이 걸렸단다.

"그전에는 이렇게 그리면 마티스가 들어 있고, 저렇게 그리면 피카소가 들어 있었는데, 이제는 없어졌어. 마음대로 하는 데 90년 걸렸어!"

끝으로 수록 글은

수록 글은 김종영 조각세계를 살펴보아온 박갑성의 각급 글이 골간이다. 골간이 된 내력을 먼저 최종태가 적었고, 이어 이런저런 계제로 박갑성이 적었던 글을 모두 모았다.

글 가운데 "인간 각백을 말함"은 두 편으로 나누었다. 읽기 좋게 1편과 2편으로 나누어 연속으로 읽게 만들었다. 긴 글에 가독성을 위해 중간제목을 붙인 것도 역시 편집자의 노릇이었다.

박갑성의 글은 물론 해묵은 글이다. 해묵은 글을 다시 상재한 연유는 조각과 졸업생 최의순 교수와 박갑성 교수의 혈육 박찬 선생이 새로 적었다.

책에 수록된 글들은 모두 김종영 조각세계의 향기에 대한 것. 그 향기를 시각적으로 더하기 위해 최종태는 입체적 조각을 평면적 그림으로 환원시켜 주었다. 별단으로 당대의 문사 김동길 교수가 적은 김종영 일대기도 보탰다.

이런 경위를 두루 적은 글이 편집의 글이다. 여기서는 김종영과 박갑성의 사이를 우정론의, 좋은 한국 사례로 살피려 했다.

기획의 글

철학자 박갑성 선생과
조각가 김종영 선생 사이

최종태
김종영미술관 명예관장
서울대 명예교수

이중섭을 생각하면 뒤에 시인 구상 선생이 있었고, 반 고흐를 떠올리면 동생 테오가 있었으며, 자코메티를 기억하면 철학자 사르트르를 잊을 수가 없다. 그렇듯이 조각가 김종영 선생 金鍾瑛 (1915~1983)의 곁에는 항상 철학자 박갑성 朴甲成 (1915~2009) 선생이 그림자처럼 있었다.

함께 청운의 꿈을 꾸다

나라가 망한, 그 불운한 시대에 두 분은 휘문고보에서 어린 시절을 함께 보냈다. 한 분은 충청도 천안에서, 한 분은 경상도 창원에서 서울에 올라와 당시 미술 교사인 장발 張勃 (1901~2001) 선생을 만났다. 장발 선생은 이미 도쿄미술학교와 미국 컬럼비아대학을 마치고 명동성당 〈14사도화〉를 그렸을 때였다. 그런 선각자의 인도에 따라 박갑성은 조치上智대학으로, 김종영은 도쿄미술학교로 청운의 꿈을 안고 현해탄을 건넜다.

   도쿄에서 한 분은 철학을, 한 분은 조각을 공부하면서 하숙집을 내왕하며 두터운 교분을 이어갔다. 졸업 후 이른바 대동아전쟁이 일어나고 각각 헤어져서 난리를 피하던 중 8·15 해방을 맞았다. 대한민국이 수립되고 서울대에 미술대학이 만들어졌다. 당시 한국 미술계를 이끌던 장발 선생이 주도하고 학장을 맡았다.

   그리하여 수제자들을 불러 모았는데 박갑성은 미학으로, 김종영은 조각으로 미술대학 교수가 되었다. 휘문고보 때 친구 사이였다가 교수가 되어 또 만난 것이다. 미술대학 학생과장과 교무과장을 번갈아 하다가 1960년대에는 박갑성 선생이 학장을 맡았고, 이어서 김종영 선생이 학장을 맡으면서 장발 선생의 교육 이념을 계승, 발전시켰다.

대학 직장 동료가 되어

정부가 수립되면서 대한민국미술전람회(국전)를 만들었다. 김종영 선생이 조각작품을 출품하면서 두 분의 정신적 교류가 다시 움텄다. 작품에 이름 짓는 일이 시작되었다. 김종영 선생은 작품에 이름 짓는 일이 없었다. 처음부터 순수 형태를 추구하는 입장이었고, 그것은 끝까지 변함없었다. 그런 관계로 옆에서 작품 명제를 박갑성 선생이 하게 되었다. 저 유명한 '전설'이라는 이름도 탄생했다. 〈회상〉, 〈꿈〉, 〈황혼〉, 〈새〉 등 초기 작품들의 이름은 모두 박갑성 선생이 지은 것이다.

신기하게도 그 이름은 작품 이미지와 매우 잘 어울렸다. 철학적이고 낭만적인 그런 단어가 김종영의 작품을 살리는 데 큰 역할을 한 것이 사실이다.

다시 말하건대, 김종영 선생의 작품에 이름 붙이기는 박갑성 선생에 의해 시작된 것이고, 스스로 작명作名한 것은 아마 한 점도 없을 것이다. 나중에 개인전을 열었을 때 제자들이 임의로 작품 1, 작품 2, 작품 3 등으로 표기했을 때 선생께서는 아무 말도 하지 않았다.

1980년 김종영 선생이 현대미술관에서 회고전을 열었고, 두 분은 퇴직을 했다. 한 분은 서울대 미대에서, 한 분은 서강대 철학과에서 퇴직했다. 미술대학에는 철학과도 없고 미학과도 없어서 박갑성 선생은 조치대 후배 김태관 신부가 있는 서강대로 자리를 옮겼기 때문이다.

퇴직 직후 득병

퇴직하고 나서 이내 김종영 선생에게는 병이 생겼다. 그때 박갑성 선생에게 여러 가지로 걱정이 생겼다. 일생을 함께한 친구를 속수무책으로 떠나보내야 하는 그 심정은 알고도 남을 만했다.

그 안타까움 중에 특별한 문제가 하나 있었다. '저 친구 영세를 해야 할 텐데' 하는 것이 그것이었다. 장발 선생이나 박갑성 선생은 모두 천주교 구교우 집안인데, 김종영 선생은 대대로 이어오는 유학자 집안이었다. 장발 선생 주변에 영세하는 사람들이 생겼는데, 유독 김종영 선생만 말이 없었다.

후배들 보기에는 매우 신선하게 보였다. 한 사람이 어떻게 두 가지 종교를 갖느냐는 얘기를 김종영 선생이 한 것이 그 무렵의 일이다. 예술을 종교와 같은 차원으로 본 것이다.

한쪽 날개와 만남이 더 잦아져

나와 박갑성 선생의 만남이 더 잦아졌다. 김종영 선생과의 만남이 자유롭지 못하게 되자 자연스레 박갑성 선생을 더 가까이하게 된 것이다. 그래서 나는 박 선생의 심중을 아주 잘 볼 수 있었다. 그러는 사이 하루는 병석의 김종영 선생을 뵈러 삼선교 자택으로 찾아갔다. 이 어려운 만남에 대해 나는 나름대로 별별 생각을 다 하면서 그날을 기다렸다.

어느 날 두 분은 만났다. 나는 초긴장 상태가 되어 두 분의 거동을 지켜보았다. 그 마지막 상면에서 두 분은 별로 심각한 말씀이 없었다. 요새 무슨 철학이 있느냐는 둥 지극히 평범한 말씀만 나누었다.

그 후 박 선생은 영세 문제로 점점 더 걱정이 깊어졌다. 그런 박 선생의 마음은 내가 잘 알았지만, 삼선교 댁에 드나들면서도 영세 이야기는 차마 할 수 없었다. 김종영 선생은 그런 내 심중을 잘 알고 계셨다. 내 뒤에 박갑성 선생이 있다는 것도 모를 리가 없었을 것이다.

시간이 약이던가

시간이 흘러갔다. 그런 긴장의 시간이 몇 달이나 지났을까. 삼선교 댁에서 사모님이 전화를 하셨다. "선생님이 영세하신다고 합니다" 하시기에 "예, 알겠습니다" 하고 전화를 끊었다.

나는 바로 박갑성 선생에게 전화했다. "지금 이렇게 들었는데요" 하자 지체 없이 박 선생은 "김태관 신부와 의논하고 뜸들일 것 없다. 내일 가자"고 하셨다. 그렇게 될 것을 김종영 선생께서는 다

아시고 우리 집에 알리라고 하신 것이었다.

그리하여 다음 날 우리는 충무로 쪽 어떤 한방병원 김종영 선생의 병실을 찾아갔다. 영세 절차가 끝났다. 세례명은 프란치스코, 거기에 대건을 하나 더 붙였다. 선생께서는 눈물을 흘리시면서 "내 인생이 서글퍼서가 아니라 기쁨의 눈물이다" 그러셨다.

외우畏友 전송

김종영 선생이 돌아가시고 사흘 밤낮 동안을 박갑성 선생이 빈소를 지켰다. 돈암동 성당에서 장례미사를 드렸다. 〈서울신문〉 반영환 기자와 연락이 닿아 신문에 박갑성 선생의 조사를 싣게 되었다. 반 기자는 파고다공원 〈3·1독립선언기념탑〉 파괴 사건으로 어려울 때 그 보도에 앞장섰기 때문에 관계가 특별난 사이였다.

장례미사를 드리는 날 아침신문에 박갑성 선생의 짤막한 조사가 실려 나왔다. 신문을 보고서 최만린 선생이 그날 미사 때 그 조사를 낭독했다. 워낙 절절하여 장내가 숙연해졌다. 그날은 날씨가 매우 추웠고 용인 장지로 가는 산길에는 눈이 꽤나 쌓여 있었다.

추모와 그리움

박갑성 선생과 김종영 선생의 관계는 거기서 끝나지 않았다. 산소 앞에 돌비를 세울 때 박갑성 선생이 거기 계셨고, 제자들이 기념사업회를 만들 때 '김종영 조각상'을 만들 때도 거기 앞장서셨다. 여기에 글을 써 주십사 하면 두말없이 쓰셨다.

이전에 박갑성 선생이 《두 가지 고독》이란 수상집을 발간했는데, 철학자의 글이라서 그런지 까칠까칠하고 까다로웠다. 찬찬히 읽어 보면 틀림이 없는 말씀인데 대하기에 어려움이 있었다.

그런데 신기한 것은 박 선생이 김종영에 대해 글을 쓰면 쉽게 읽힌다는 것이다. 번번이 그랬다. 마음에서 우러나온 글이라서 그런가 보다 싶었다. 글에 정이 묻은 것 같고 윤기가 있어 보였다.

참스승이기에

이 책은 박갑성 선생을 비롯해 김종영 선생과 가까웠던 이들이 김 선생에 대해 쓴 글을 모은 것이다. 20세기, 그 험난한 시대를 살면서 어릴 적 만난 두 친구가 함께 늙어 세상 마칠 때까지 이웃으로 지낸 이야기다. 비록 전공은 서로 달랐지만 그 사랑하는 마음이 하도 애틋하여 책으로 묶어 두 분의 영전에 바친다.

우정이라고 하기엔 그것을 넘어서는 일 같지만, 내 마음에 참으로 아름다운 모양으로 비쳐지는 두 분의 운명적 만남을 '숙명의 우정'이라고 이름 붙였다. 이렇게 김종영이라는 예술가의 뒤에 박갑성이라는 철학자의 영혼이 겹쳐서 한 시대를 빛내고 있다.

이 두 분은 내가 어려울 때 용기를 주셨고, 세상을 살아가는 데 있어 하면 된다는 희망을 보여 주셨다. 지금도 항상 내 안에서 좋은 스승이자 인생을 사는 아름다운 표본으로 남아 계시므로 잊을 수가 없다.

박갑성
전 서울대 미술대학 교수 겸 학장

나의
친구
김종영

인간 각백을 말함 1

우성 김종영 又誠 金鍾瑛이라고 부르기보다 각백 刻伯이라고 하는 편이 훨씬 친근감이 있다. 생전에 대학에서 우리는 늘 '각백'이라고 불렀고 제자들 사이에서도 대개 각백 선생으로 통했다.

각백으로 통하다

이처럼 아주 자연스럽고 별다른 뜻이 없는 이 애칭이 어울리는 까닭은 무엇일까. "그림 그리는 사람을 화백 畵伯이라고 하니, 조각하는 사람은 각백이 아닐까"라고 우석 장발 雨石 張勃 선생이 서울미대 학장 시절에 어느 자리에서 농담 삼아 한마디 던진 것이 이 애칭의 시작이다. 조각하는 사람은 김종영이고, 김종영은 조각하는 사람이라는 뜻이 되어 버린 것이다. 이제는 누구에게도 양도할 수 없는 고유명사로 굳어 버렸다.

어떻게 그렇게 되었느냐고 묻기보다 이 밖에 또 어떤 애칭을 만들 수 있겠는가를 생각해 볼 일이다. 수평선을 떠나서 바다를 볼 수 없듯이 조각이 아닌 김종영은 보이지 않는다. 훌륭한 작품을 남겨서가 아니다. 이 애칭은 그들 작품보다 훨씬 이전에 생겼다. 바다에 윤곽선이 하나뿐이듯이 각백은 김종영의 유일한 윤곽선이다.

어떤 예술가의 경우는 예술과 인간이 따로따로 있고, 그 사이에 복잡한 사연이 얽히고설켜서 그 한 모퉁이만 떼어내도 기기묘묘한 얘깃거리로 가득 차 있지만 각백의 경우는 그렇지 않다.

각백의 경우는 마치 한 마리의 생선 같다. 가시를 골라내자면 살점까지 묻어나게 된다. 어항에도 넣지 말고 바닷물 속에서 바다와 함께 바라보아야 한다. 각백이 노닐던 수심과 수온은 어떠했으며 그가 즐기던 해안과 도서島嶼의 풍경은 어떠했는지를 다만 부분적으로 찾아보는 길밖에 없다.

각백의 인생 드라마는 그 마지막 무대에서부터 보아야 납득하기 쉬울 것 같다. 세월이 흘러도 나에게서 사라지지 않는 추억의 대부분이 그 마지막 장면을 기점으로 방사선처럼 퍼져 나가기 때문이다. 나는 마침 각백이 찾아든 마지막 해안에서 그를 만났다.

마지막 해안에서

1982년 10월 어느 날 저녁, 각백과 평소에 친분이 두터웠던 김태관 신부를 동반하고 그가 입원해 있는 병실로 들어섰을 때, 부인을 비롯해서 자녀들이 모두 모여 있었다. 각백은 1년 전부터 위암으로 투병 중이었다.

각백이 입을 열었다.

"김 신부님, 반갑습니다. 늙고 병든 양 한 마리를 찾아서 이렇게 오셨군요. 고맙습니다. 참으로 반세기 만입니다."

병실은 침묵으로 가득 차고 각백의 눈에는 눈물이 고였다.

무거운 침묵을 깨뜨리고 잠시 후에 김 신부는 가라앉은 목소리로 더듬거리며 '포도원 일꾼' 얘기를 꺼냈다. 모두들 아는 얘기고 또 여기에 인용하기에는 약간 장황하지만, 각백의 모습을 그리는 데 가장 핵심적인 구절이 들어 있기 때문에 그 전반만을 성서에서 옮겨 보기로 한다.[01]

> 하늘나라는 이렇게 비유할 수 있다. 어떤 포도원 주인이 포도원에서 일할 일꾼을 얻으려고 이른 아침에 나갔다. 그는 일꾼들과 하루 품삯을 돈 1데나리온으로 정하고 그들을 포도원으로 보냈

---

01 〈마태복음〉, 20: 1~9.

다. "9시쯤에 다시 나가서 장터에 할 일 없이 서 있는 사람들을 보고, 당신들도 내 포도원에 가서 일하시오. 그러면 일한 만큼 품삯을 주겠소" 하고 말하니 그들도 일하러 갔다. 주인은 12시와 오후 3시쯤에도 나가서 그와 같이 했다. 오후 5시쯤에 다시 나가서 보니 할 일 없이 서 있는 사람들이 또 있어서, "왜 당신들은 하루 종일 이렇게 빈둥거리며 서 있기만 하오?" 하고 물었다. 그들은 "아무도 우리에게 일을 시키지 않아서 이러고 있습니다" 하고 대답하였다. 그래서 주인은 "당신들도 내 포도원으로 가서 일하시오" 하고 말하였다. 날이 저물자 포도원 주인은 자기 관리인에게 "일꾼들을 불러 맨 나중에 온 사람들로부터 시작하여 맨 먼저 온 사람들에게까지 차례로 품삯을 치르시오" 하고 일렀다.

이 포도원 얘기는 알아듣기 힘들다. 이해가 안 가는 대목이 많다. 그러나 각백의 인품을 짐작케 하는 중요한 한마디가 있다.
"왜 하루 종일 이렇게 빈둥거리며 서 있기만 하오?"

빈둥거림의 미학

만일 각백이 세상일에 바빠서 이리 뛰고 저리 뛰고 했더라면 이 포도원 주인을 만났을까. 빈둥거리며 하루 종일 서 있기만 하는 것이 포도원 주인을 만나는 데 필요불가결한 조건으로 되어 있다. 포도원 주인은 절대자의 상징일 것이다.

절대자를 만나기 위해서는 빈둥거리며 하루 종일 서 있어야 하는가. 절대자는 왜 이런 사람들을 필요로 했을까. 빈둥거린다는 말의 뜻은 무엇일까. 요즘엔 좋은 뜻은 하나도 없는 듯하다. 현대 자본주의 사회에서 빈둥거리는 사람은 인생의 낙오자로 멸시받는다. 공산 세계에서는 밥도 먹어서는 안 된다.

그러나 고대에는 그렇지 않았다. 한거閑居는 동서를 막론하고 자유와 예술의 바탕이었다. 공자가 한거를 경계한 것은 소인小人에게 대해서였다.02 대인이나 군자에 대한 것은 아니었다. 한거는 수도자, 예술가, 학자의 바탕이라는 것을 각백은 알고 있었다. 그의 어록이 증거한다.

> 인생은 한정된 시기에 무한의 가치를 생활하는 것, 예술은 사랑의 가공加工, 예술의 목표는 통찰洞察이다.

이러한 '무한한 가치'에 대한 자각은 빈둥거리는 정신이 아니고는 도달하지 못한다. 각백은 한평생을 임산부처럼 살았다. 그는 임산부처럼 몸을 조심하며 정신을 가다듬으며 보금자리를 찾아 발길

---

02 小人閒居 爲不善(소인한거 위불선): 소인이 한가하면 못난 짓만 저지른다.

을 옮겼다. 그날 밤 각백은 오랜 여정 끝에 스스로의 육신과 혼에 '사랑의 가공'을 받아 하나의 작품으로 완성할 때가 왔다고 생각한 것이다. 포도원 주인을 만났으니 이제 더 이상 빈둥거릴 필요는 없었다.

'물과 성신'으로 탄생할 새 생명을 위해서 병석에 일어나 앉은 각백의 팔과 다리는 젓가락처럼 뼈만 남아 있었다. 실로 반세기 만에 태어나는 신생아의 기쁨을 눈앞에 보면서, 20세기는 참으로 잔인한 세기였다는 생각이 파노라마처럼 스쳐갔다.

시인 라이너 마리아 릴케 Rainer Maria Rilke 의 여러 작품들이 일어로 번역되어 서점에 나오기 시작한 것은 1930년대의 후반기였다. 각백은 《말테의 수기》를 나보다 먼저 읽고 여러 가지 얘기를 주고받았다. 당시 각백과 나는 도쿄 교외의 한적한 하숙에서 같이 지내고 있었다. 학생 시절에 우리는 릴케의 시와 그의 인품에 심취해 있었다. 각백은 로댕 Auguste Rodin 과 릴케와 그 부인의 관계에서 시인과 조각가의 미묘한 차이에서 오는 갈등에 남다른 관심을 표시하기도 했다.

그러나 오랫동안 잊을 수 없었던 충격은 릴케가 임종할 때 끝까지 신부 청하기를 거절했다는 사건이었다. 우리들의 정신에 고문을 가하듯이 어떠한 해답을 강요하는 것은 이 시인뿐이 아니었다. 20세기의 수많은 철학자, 과학자들은 모두가 저마다 다른 이론과 주장으로 우리들의 정신을 난도질하고 있었다.

1930년대 중반
도쿄 교외 하숙집에서
박갑성(맨 왼쪽)과
김종성(맨 오른쪽).

    이 시절에도 각백은 빈둥빈둥하는 정신의 여유를 가지고 있었다. 미술학도로서 조각에 대해 아무런 야욕도 품은 적이 없었다. 의무적인 것 외에는 한 번도 전시회에 참가한 일이 없었다. 조각으로 출세하고 조각으로 영화를 누릴 생각은 꿈에도 없었다.

    당시 도쿄에는 작업장이 붙어 있는 방갈로 같은 간이주택들이 모여 있는 동네가 있어서 미술학도들이 숙식하며 제작하고 있었다. 나는 꼭 한 번 각백을 따라서 가 본 적이 있는데, 각백도 이런 데서 공부하면 좋지 않을까 생각했다. 그러나 각백은 졸업할 때까지

2년 반 동안 나와 같은 하숙에서 지냈다.

각백은 학생 시절에 마이욜, 부르델, 로댕, 콜베, 메스트로빅 등의 작품집과 루브르박물관의 화집 등을 외국에서 발간된 호화판으로 상당히 여러 권 가지고 있었다. 스케치북 한 권을 들고 학교에 다녀오면 대개는 집에서 이 책들을 보고 지냈다. 게오르그 콜베 Georg Kolbe 의 작품집에서 니체 Friedrich Nietzsche 의 차라투스트라상을 보며 우리 스스로의 불안, 회의, 반항 같은 것이 나타나 있다고 공감하던 것도 이 무렵의 기억이다.

이러한 20세기의 정신적 혼란을 실증하는 외적인 난세를 상기해 볼 필요가 있을까. 태어났을 때 이미 우리는 식민지 백성이었고, 제2차 세계대전, 8·15, 38선, 미군정, 6·25, 4·19, 5·16 등 숱한 고비를 넘어왔다. 만일 그때마다 행동에 나섰더라면 항일투사, 친미파, 공산당, 민주투사, 혁명가, 기업가, 사회사업가, 재벌, 교주, 어용 작가 등이 될 무수한 가능성을 지닌 시대를 살아왔다.

예술은 통찰에

'행동하는 지성인'이니 '행동하는 예술인'이니 하는 말이 있다. 그럴만한 모범을 보인 사람도 없는 것은 아니지만, 일시적인 꼭두각시 혹은 허세로 사라진 모습이 더 많다.

"예술의 목표는 통찰이다"라고 각백이 말했을 때 그것은 20세기라는 난마亂麻 같은 혼돈 속에서 마지막 허실을 가려내지 않고서는 모든 것이 물거품에 불과하다는 뼈저린 체험이 바닥에 스며 있다. 행동이 아니라 통찰에 마지막 목표가 있다고 보는 것은 각백의 근본적이고 변하지 않는 자세였다. 그리고 이것은 패할 수 없는 원리이다.

6·25 전쟁 때 각백은 돈암동의 한옥에 살고 있었다. 이 엄청난 재난 속에서 각백이 나에게 "되도록 움직이지 않는 것이 좋아. 움직일수록 적탄을 맞을 기회가 많아지니까"라고 귀띔해 주었다.

그러나 나는 견디다 못해 가족을 이끌고 8월 중순께 과천으로 피란했다. 9·28 서울 수복으로 다시 만났을 때 각백은 벽에 걸린 족자를 가리키면서 저것이 살려 주었다고 했다. 족자 뒤에 구멍이 뚫려 있었다. 밤에 인민군들이 플래시를 들고 찾아왔을 때 종이 한 장을 사이에 두고 간이 콩알만 해졌다고 말했다. 그 족자에는 초서체로 '필승'이라고 쓰여 있었다.

4·19 혁명 때 각백은 아마 처음이자 마지막으로 데모란 것을 해보았을 것이다. 이른바 '교수 데모'라는 것이다. 시민들의 박수를 받으며 종로를 누비고 갔다. 광화문에 접근하면서 약간씩 격해지고 혼란해졌다.

"폭력으로 마지막 승리를 거두진 못할 것이니, 이제 그만 여기를 떠나세"라며 각백이 눈짓했다. 공산당은 무력으로 적화통일을 꿈꾸고 젊은 학생들은 데모로 자유가 얻어진다고 믿었으나 각백의 통찰은 다른 데 있었다.

세 가지 눈

각백은 세 가지 눈을 구별하고 있었다. 혈안血眼 과 육안肉眼 과 심안心眼 이 그것이다. 혈안은 동물적인 눈, 육안은 과학적인 눈, 심안은 인간적인 눈이다. 이해타산에 혈안이 되면 염치가 없어지고, 현미경이나 망원경에 몰두하면 물질만 볼 줄 아는 육안에 사로잡힌다. 그러므로 전체를 올바로 보는 것은 오로지 심안뿐이라고 했다.

각백은 사물의 허와 실을 날카롭게 판단하는 심경心鏡 의 슬기를 가지고 있었다. 부산 피란에서 환도한 다음, 전 서울대 문리대 뒤에 있던 대학 관사에서 한동안 불편한 생활을 한 적이 있었다. 하루는 관사에서 동거하는 모 대학교수가 공동으로 사용해 오던 창고를 독점할 생각으로 아무 말도 없이 자물통을 채웠더라는 것.

보통 같으면 교수 집안끼리 대두리 싸움이 벌어지고도 남을 일이었다. 그러자 각백은 아무 말 없이 시장에 가서 좀 더 큰 자물통을 사오라고 해서 나란히 채워 두었더니 잠시 후에 아무 말 없이 풀더라는 얘기를 하면서 "혈안이야, 혈안!"이라고 하면서 혀를 찼다.

미술대학 실기시험의 원칙

미술대학에서 입학시험 때 가장 말썽이 많은 것 중 하나는 실기시험 문제였다. 어떻게 하면 시험문제의 비밀을 완전히 보장할 수 있을까 고심하다가 경주 석굴암에서 석고로 떠 온 금강역사의 두상이 있기에 이것을 아그리파와 비너스 대신에 출제하면 어떨까 하는 생각이 얼핏 들었다.

그러나 미술인이 아닌 내가 혼자서 결정하기보다는 누군가 한 사람과 의논해야 하겠기에 각백에게 조용히 물었다. 각백은 잠시 생각하더니 그것은 안 된다고 머리를 좌우로 흔들었다. "그 두상은 예술로서 걸작이기는 하지만 문법文法이 없고, 그리스의 비너스상이나 아그리파상에는 문법이 있다. 우리는 문법이 없는 것을 대학의 입학경쟁 시험문제로 내놓을 수는 없다"고 그 이유를 말했다.

충분히 수긍이 가는 견해였다. 디오니소스적인 것과 아폴로적인 것의 차이를 혼동하지 않는 각백의 육안에 깊은 감명을 받았다.

각백은 무엇이 예술이고 무엇이 민속이며 창작과 모방의 한계를 분명히 분별했다. 예도藝道와 사도邪道가 무엇인지, 속기俗氣와 정기正氣를 구별하는 심안이 날카로웠다. 예술가적 태도, 과학자적 태도, 상인적 태도를 알고 있었을 뿐만 아니라 자기의 영역이 아닌 것에는 눈길도 보내지 않았다.

각백은 불필요한 말은 하지 않는 습관이 몸에 배어서 제3의 천성처럼 되어 있었다. "침묵은 금金, 웅변은 은銀"이라는 영국의 속담을 항상 기억하고 있는 것을 보면 짐작이 간다. 그러나 아주 부득이한 경우에는 멀리 돌려서 표현하는 경우가 있다.

1953년의 가을이었던가. 부산 피란살이가 끝나서 환도했을 때 각백은 우선 단신으로 상경해서 돈암동의 내 집에서 잠시 같이 지낸 적이 있었다. 제 집과 제 직장을 찾아서 돌아왔다는 것뿐이지 환도 직후의 서울은 폐허였다. 모든 것이 서글펐다. 각백과는 허물없는 사이니까 별로 부담스럽지는 않았겠지만 자신의 집같이 편안했을 리는 없다.

하루는 "빨래할 것 있으면 내놓게"라고 내가 말했더니, "빨래할 게 뭐 별로 없는데"라고 대답했다. "그럴 리 있느냐"며 뒤져 보았더니 벌써 며칠이 지났는데도 와이셔츠 같은 것이 말짱했다. "거참, 이상한데. 어떻게 이런가?" 다그치는 말에, "섭리일세"라고 아무렇지도 않게 대답했다. 더 할 말도 없고 해서 얘기는 끝났다. 하지만 무슨 까닭에 난데없이 '섭리'라는 말을 쓰는지 얼핏 납득이 안 가는 느낌이 마음속에 오래 남았다.

섭리로 살아

내가 이 말의 뜻을 다시 상기하게 된 것은 그로부터 30년이나 세월이 흐른 다음이었다. 내가 직장을 옮긴 후로는 서로 자주 만나지 못하다가 오래간만에 문병차 신축한 각백의 집을 처음으로 들렀을 때였다. 대문을 들어서며 무심코 '섭리!'라는 생각이 떠올랐다.

각백은 30년 전에 너무도 억울하게 피란 중에 타인에게로 가옥 문서가 넘어갔다. 사건은 오랜 세월을 두고 각백에게 고통을 주었다. 앞에서 말한 바 있는 공동 관사에서 살게 된 것도 이 때문이었다. 각백은 일생을 두고 한 번도 이 일에 대해 입을 열지 않았다. 따라서 어떻게 된 사건인지도 자세한 내막은 알지 못한다.

각백은 이것을 섭리로 알고 평생을 견뎌왔던 것이다. 가랑비만 뿌려도 '섭리', 바람만 불어도 '섭리'라고 하면서 떠들어대고 울부짖는 얄팍한 종교인이나 철없는 시인은 그 흉중을 헤아리기 어려울 것이다. '또닥또닥' 돌 쪼는 소리가 들릴 듯 말듯 조용조용히 새어 나오는 그의 공방工房은 우주의 섭리와 인간의 자유가 대결하는 도장이었다. 망치 소리가 멎었을 때는 '인생·예술·사랑'에 대한 명상에 잠기는 순간이다.

한 가지 신기로운 것은 이 명상의 성격이다. 철학이란 크게 '유有의 철학'과 '무無의 철학'으로 나눌 수 있다면, 각백은 마치 식물이 태양 쪽으로 머리를 돌리며 자라듯이 '유' 쪽을 향하여 명상했다.

각백에게는 무위자연에 파묻히려는 유혹이 보이지 않았다. 뿐만 아니라 40년 전 학창 시절 릴케적인 '시인의 신'의 비극적인 절망의 그림자도 깨끗이 씻어 버리고 심해처럼 투명하고 고요한 '유'를 확신하는 경건한 마음으로 가득 차 있다.

일반적으로 각백은 무취미하고 무미건조한 사람이라고 볼 것이다. 그러나 각백의 마음은 유머로 가득 차 있다. 이러한 정신적 여유는 병고에 시달리면서도 변함이 없었다. 지난번에 문병 갔을 때도 '응용철학자'란 신어 新語 를 만들어 내서 한바탕 웃었다. 얄팍한 철학 원리를 가지고 수다스럽게 인생과 진리를 논하는 탤런트 같은 교수를 빗대서 하는 말이었다. 아마 평소에 '응용미술'이라는 용어를 못마땅하게 여기던 바탕에서 우러나온 말이 아닌가 싶었다.

8·15 해방 후에 아직 모든 것이 유동적이고 미술계에 아무런 질서도 없었다. 그 무렵에 외국인 여행자들이 동양화나 서예 작품을 즐겨 찾는 것을 보고 거기에 참으로 예술적 가치가 있는 줄 알고 착각하는 화가가 더러 있었다. 이러한 현상을 보고 각백은 '12시'라는 은어를 만들어 낸 일이 있었다. 고장 난 시계가 하루에 두 번 맞는 것처럼 주제 파악을 못하는 작가라는 뜻이다. 각백의 어록에 나오는 '전통'에 관한 사상은 이런 태도를 보충해서 정리한 것 같다.

인터뷰를 청한 어느 기자가 "최근에 가장 감격적이었던 일은 무엇이냐?"고 묻자 각백이 "되도록 감격하지 않으려고 노력한다"고 답변했다는 얘기는 후배들 사이에 잊히지 않고 남아 있는 한 토막 유머이다.

각백은 성격으로 보나 체질로 보나 다른 사람보다 수면시간을 많이 가지는 것은 자연스럽다. 남처럼 부지런을 떨고, 잠도 안 자고, 혈안이 되는 것은 각백답지 않은 일이다. 언젠가는 요즘도 잠을 잘 자느냐고 물었더니, "요즘은 밤이 길어서 중간에 한차례 쉬어서 잔다"고 해서 한바탕 웃었다. '경제동물의 세계'에서는 알아들을 수 없는 인생이다.

각백은 자기 신변의 얘기는 좀처럼 하지 않는다. 어느 날 한담 중에 "공자는 참으로 용한 사람이야"라고 했다. 각백은 무슨 소리를 꺼내려면 십 리 밖에서부터 더듬어 들어온다. "이제 새삼스럽게 그게 무슨 소리인가?" 했더니, "글쎄 몇천 년 전에 벌써 부자유친父子有親이란 말을 했으니 말일세. 참으로 용한 말이야"라며 제법 감격한 어조로 나왔다. 필시 무슨 소린가를 꺼내기 위해 지금 서론을 펴고 있는 것이라고 짐작했다.

결국 여성론을 내놓았다. 각백이 여성관을 말하는 것은 극히 드문 일이다. 도쿄에서 학창 시절에 어느 여성에 관한 위기의식을 가진 일이 있었던 모양이다. 각백은 이 문제를 자기 부친에게 서신으로 의논한 바 있었는데 회답인즉 지극히 간결했다는 것이다.

"여성은 존경해야 하느니라."

각백은 선친의 이 한마디로 모든 의혹이 사라졌다는 체험을 회상했다. 뜻이 한없이 깊은 말이지만 부자유친하지 못했으면 아무리 훌륭한 교훈도 받아들여지지 않았을 것이다.

각백의 여성론은 부전자전父傳子傳으로 여성존경론으로 결론지었다. 각백은 선친 성제誠齊를 사모하는 마음에서 우성又誠이란 아호雅號를 택한 듯싶다. 선친의 유덕을 기리는 데 공자의 근본적 덕목의 하나와 연결시키는 각백의 슬기와 지극한 효성에 절로 머리가 숙여진다.

마지막으로 가장 오래된 대화를 하나 상기하면서 이 글을 끝맺을까 한다. 대학생활 초기에 나는 대학 기숙사에서 지냈는데, 주말이 되면 각백이 약속도 없이 홀연히 나타나는 일이 많았다. 둘이서 간 곳은 대개 다방이었고 고전음악을 즐겨 들었다. "건축은 얼어붙은 음악"이라는 누군가의 말대로 조각도 그와 비슷한 것이라고 생각하면서 음악을 즐겼다.

한번은 각백이 이런 말을 했다. "옛날에는 진선미眞善美만을 추구했지만, 이제는 한 가지가 더 있어야 하네." "그게 무슨 뜻인가?" 물었더니, "진선미가 삼각추三角錐처럼 높이 솟으려면 현실적 기초, 든든한 밑바닥이 필요하다는 말일세"라고 각백이 말했다.

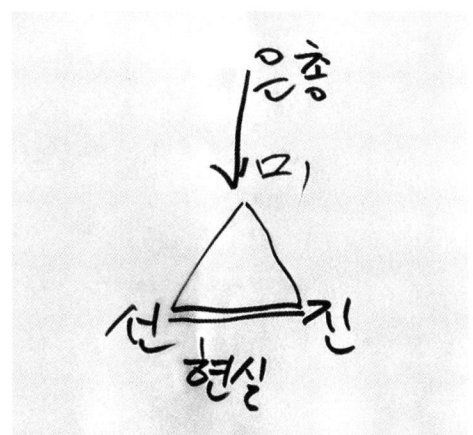

최종태의 진선미 그림.
김종영은 현실을 밑바탕으로
진선미가 우뚝 설 수 있다고
했다. 박갑성은 여기에
은총을 추가했다.

진선미는 현실이 바탕

이 대화는 40여 년 전에 있었고 그 뒤로 재론한 일도 없어서 혹시 각백은 잊었는지 모르나 나는 기억이 생생하다. 당시 나는 이 원리에 약간 저항을 느꼈기 때문이다. 경험적 세계를 그렇게까지 중시하고 싶지 않았던 것이다. 게다가 이 원리가 어디서 나온 것인지 분명치 않았다. 오늘날까지도 이 세 가치에 대해서 이와 똑같은 모양으로 표현한 것을 보지 못했다.

아마 이 모형은 각백 스스로 구성한 것 같다. 교수의 강의와 독서, 체험과 직관 등을 바탕으로 종합한 모델이 아닌가 싶다. 오늘날 나는 이 이론에 전면적으로 동조한다. 모든 가치를 최종적으로는 진선미로 나누는 방식은 동서가 공통적이다. 그러나 동양 고대에는 경험적이고 과학적인 기초가 견고하지 못했기 때문에 귀걸이·코걸이 식으로 이리저리 끌려 다니기 쉬운 파벌의 원리 혹은 사대주의의 도구가 되는 일이 많았다. 서양에서는 형이상학적 초자연에 기울어서 근대 자연과학의 대혁신을 초래하는 요인이 되었다. 각백의 말대로 현실적 밑바탕이 없는 진선미의 높은 가치는 허공에 뜬 신기루 같은 것이다.

그런데 이 사상과 현실을 어떻게 연결시킬 수 있을까. 근대 이후 자연과학자들은 열광적으로 자연개발에 몰두한 나머지 모든 것을 육안으로만 보려고 한다. 현미경과 망원경이 한계가 없는 듯이 정밀해지고 있지만 그 배후에는 결국 육안이 있어야 한다. 이 육안은 좀처럼 심안에 연결될 것 같지 않다. 오히려 육안의 독단과 위력으로 형이상학적 가치를 분해하고 말살하는 작업을 진행시키고 있다. 우리가 살아온 20세기는 그로 인해서 잔인했던 것이다.

나는 지금 각백에게 이런 말을 하고 싶다.

"각백! 그래서 한 가지가 더 필요하지. 진선미를 밑받침해 줄 현실이 필요하듯이 위에서 이것을 완성시킬 은총 말일세. 우리는 모두 전투 도중에 쓰러져 가는 졸병 같은 존재일세. 최후의 전승은 심안으로도 보이지 않네. 심안 저편에 절대자의 안목이 또 있지. 안심하고 은총의 품속에서 고이 쉬시오. 은총은 자연을 완성한다고 하오."

인간 각백을 말함 2

본래 나는 기억력이 약한 데다가 오래된 일이고 해서 각백刻伯의 지난 일을 회상한다 해도 소재가 그리 많지 못하다. 더구나 각백은 말을 많이 하는 편이 아니었고 행동적인 사람도 아니었다. 학창시절부터 직장생활에 이르기까지 거의 일평생의 대부분을 같이 지내기는 했으나 두드러지게 떠오르는 이렇다 할 사건 같은 것은 없다.

그 인품 '호반풍경'

그러므로 나는 아주 평범하고 조용한 추억 속에서 각백의 모습을 찾아볼 수밖에 없다. 오히려 그 속에 각백의 참모습이 숨겨져 있다고 생각한다.

각백의 모습은 기암절벽이기보다는 잔잔한 호반풍경이라고 해야 더욱 어울릴 것이다. 고요할수록 호심湖心에는 삼라만상의 모습이 떠오르기 때문일 것이다.

우리 나이 또래에게는 아무래도 8·15 해방과 6·25 전쟁, 그리고 부산 피란 생활이 가장 많은 화제를 지니고 있을 것이다. 하도 엄청난 사건이고 쓰라린 체험이었기 때문에 잊을 수 없을 뿐만 아니라 두고두고 얘기해도 아직도 하지 못한 얘기가 얼마든지 있기 때문일 것이다.

1·4 후퇴 다음에 부산에서 6개월 만에 각백을 만났을 때의 일을 나는 잊을 수가 없다. 이산가족이 TV 생방송에서 수십 년 만에 서로 확인하고 만나는 비극에 비하면 참으로 얘깃거리도 안 되는 만남이었지만, 이제 와서 돌이켜보면 그 소박하고 단순한 행동 속에 각백의 각백다운 여러 가지 모습이 집약된 것같이 느껴진다.

피란지의 극적 해후

부산의 용두산에 있는 중앙성당에서 주일미사를 드리고 서울에서 피란 내려온 여러 사람들과 오랜만에 반가운 인사를 마치고 대부분의 사람들이 헤어질 무렵이었다. 성당 정문을 나서면서 나는 이렇게 놀라지 않을 수가 없었다.

"아니 이게 누구야! 각백이 어떻게 여기에 왔나?"

이런 곳에서 각백을 만나게 되리라고는 꿈에도 생각지 못했다.

"자네가 부산에 왔으면 필시 성당에 나올 것이라고 생각했지. 그래서 그동안 두세 번 와 보았지, 주일날…. 그런데 어떻게 된 것인가?"

길가에 쭈그리고 앉아 딴전을 부리고 있다가 내 목소리를 듣고 천천히 일어서면서 각백이 낮은 목소리로 느릿느릿 대답했다. 지금도 나는 그 모습이 눈에 선하다. 겉으로는 그다지 반가운 기색도 보이지 않았다.

각백의 고향은 경남 창원이다. 아마 내 소식을 알리려면 성당을 찾는 수밖에 없다는 생각에서 여러 차례 이곳에 와서 기다렸던 모양이다. 그러다 그날은 용케 만난 셈이다. 당시 부산은 피란민으로 콩나물시루처럼 넘치고 혼란했으며 천주교 성당도 여러 군데 있었기 때문이다. 그중에서 중앙성당이 가장 가능성이 높다고 판단한 모양이고 그것이 적중한 셈인데 그 사연은 얘기가 없다.

1·4 후퇴라고는 하지만 각백이나 내가 서울을 떠난 것은 그 전해 11월 중순께였다. 6·25 전쟁이 터졌을 때는 얼떨결에 견뎌냈지만 북진했던 유엔군이 중공군에 밀려서 후퇴한다는 소식이 들리자 조급한 생각이 들었던 것이다. 더구나 각백은 고향이 창원이었기 때문에 우선 그리로 가야 한다고 생각했을 것이다.

나도 고향이 충남 목천이어서 그렇게 생각했다. 그러나 6·25 때 고향에 있던 가족들이 좌경촌민左傾村民들에게 집에서 쫓겨나는 학대를 받았기 때문에 결국 부산까지 가야 한다고 생각했다.

피란 서울미대

9·28 수복 때 서울대(동숭동 구교사)에 유엔군이 진주해 있어서 미대는 우선 임시로 명륜동에 있는 장발 학장 자택에서 학교 일을 보고 있었다. 날짜는 기억에 없으나 장 학장이 부산으로 떠나는 날 우리도 조급하게 서둘러서 떠나기로 하고 영등포역에서 만나자는 약속을 남기고 헤어졌다.

6·25 전쟁이 터졌을 때는 몇 가지 희망을 품고 있었다. 2~3일 안에 가라앉겠지 하는 것이 첫째 희망이었고, 인민군이 서울에 들어온 다음에도 설마 미국이 그대로 두지는 않겠지 하는 희망을 버리지 않았다. 유엔군이 인천에 상륙한다는 소식을 들었을 때는 역시 우리들의 희망은 헛되지 않았구나 하는 기쁨이 솟아났다. 그들이 38선을 넘어 북진했을 때는 이제야 통일의 날이 오는구나 하는 새로운 희망에 가슴이 뿌듯하기까지 했다.

그러나 이제 그 철석같이 믿었던 유엔군이 후퇴한다니 하늘이 무너지는 듯했다. 8·15 해방의 감격도, 태극기와 애국가의 꿈도, 산산조각 난 듯한 절망이 앞을 가렸지만 그래도 피란길을 떠나야 했다.

영등포에서 만나자는 각백과의 약속은 어림도 없는 얘기였다. 당시 기차는 사람을 태우기 위한 것이 아니라 무기를 후송하기 위한 것이었다. 친구를 만나서 같이 갈 수 있는 그런 형편이 아니다.

1950년대 초
부산 피란 시절
김종영과 박갑성.

나중에 들으니 각백은 나보다 3, 4일 뒤에 서울을 떠났다고 한다. 역시 침착하게 행동했다고 느꼈다. 이렇게 늦게나마 부산에서 서로 만나게 된 것은 다행이었다.

"어떻게 된 것인가? 왜 이제서 왔나?" 묻는 각백에게 나는 대강 그 경위를 설명했다. 고향에서 좀 지체하다가 늦게 떠났더니 도중에 대전에서 대구와 부산은 초만원이니 군경가족 아니면 하차하라는 바람에 군산까지 헤매다가 이제 온 것이라고.

전시연합대학戰時聯合大學이라는 곳을 찾아갔다. 이것은 교육과 연구보다 대학인들이 전시에 살아남기 위해 서로 뭉친 덩어리였다.

미술대학 사무소가 있다는 곳을 찾아갔더니 교무를 담당하던 김시장金時莊이란 사무원이 세 들어 있는 방이었다. 김 씨는 우리를 보더니 "마침 잘됐다"고 하면서, "그렇지 않아도 이제 더 이상 기다릴 수 없어 그만두려던 참이니, 온 김에 이걸 맡으라"고 하면서 서류봉투 몇 개를 내밀었다.

별도리 없이 우리는 그것을 받아들고 나왔다. 각백과 나는 돌아오는 길에 동대신동 개천가에 앉아서 어떻게 하면 좋은가를 의논했다.

그때도 각백은 이런 농담을 했다.

"미술대학이 지금 우리 주머니 속에 있는 거 아냐?"

그는 사무원 김시장 씨의 이름을 가지고 평소에 해오던 유머를 또다시 꺼내기도 했다.

"저 사람은 밥을 먹어도 시장한데 이걸 맡아 가지고 있으니 더 시장하지 … ."

그러나 이 사람에게서 여러 가지 소식을 처음으로 들었다. 장발 학장은 미국에 연구비를 얻어서 떠났으며, 이재훈李載勳 선생에게 뒷일을 부탁했는데 그분은 지금 진해에 계시다는 것, 그리고 부민동에 장 학장의 가족이 피란 와 있다는 것 등이다. 미술대학 사람이 찾아온 것은 우리 둘이 처음이라고 했다.

　피란수도인 부산에서 미술대학이 움직이기 시작한 것은 장발 학장이 미국에서 돌아온 다음에 송도에 있는 해송관海松館이라는 일식점을 빌려 임시 교사로 쓰기 시작한 다음부터였다. 일본식 다다미방 3개를 쓰고 있었는데, 그것이 사무실 겸 교수실, 강의실, 실기실, 도서관 역할까지 했다. 야간에는 숙직실 겸 취사실이고 교수 합숙소이기도 했다. 각백도 이곳에서 합숙하다가 주말이면 창원에 다녀오곤 했다.

　이 무렵 동고동락하던 교수들 중에 세상을 이미 떠난 분들이 더 많다. 미학을 담당하던 박의현朴義鉉 씨, 동양화의 노수현盧壽鉉 씨, 서양화의 송병돈宋秉敦 씨, 응용미술의 김정환金貞桓 씨 등이 작고했다. 조각의 윤승욱尹承旭 씨까지 합하면 각 과별로 대표적인 교수들이 고인이 된 셈이다. 한편 당시 학생이었거나 혹은 졸업한 지 얼마 안 됐던 제자들이 지금 각계에서 중진으로 활약하고 있다. 자라나는 생명에 비하면 전쟁도 무력하다는 생각이 든다.

피란 시절
송도에서 시작한 추상작풍

각백의 평생에서 송도 시절은 대단히 중요한 시기였다.〈무명정치수無名政治囚를 위한 모뉴멘트〉라는 명제를 내걸고 영국 런던에서 공모하는 콩쿠르에 응모해 입상한 작품을 제작한 곳이 이곳이었다. 한편 사실적 작품에서 추상적 조각으로 문이 열리기 시작한 것도 바로 이 시절이다.

한 작가에게 자기의 능력에 자신감이 생기고 새로운 제작 방향이 열리기 시작했다는 것은 대단히 귀중한 일이다. 각백의 경우 갑자기 이런 경지에 도달한 것은 물론 아니다.

"진작 이렇게 바꿔 놓을 것이지, 로댕은 피가 철철 흘러서 … ."

각백이 혼잣말처럼 하던 말이다. 아마 작가마다 하고 싶은 일이 따로 있을 것이다. 어떤 작가는 자기가 할 일이 무엇인지 찾아내지 못하고 허둥거리기만 하고, 어떤 이는 자기가 할 일을 알기는 해도 본의 아니게 엉뚱한 데로 이끌려 가기도 한다.

그런데 각백은 자기가 하고 싶던 일을 찾았고, 그 길을 끝까지 따라갔다. 정년퇴직을 기념하기 위해 마련한 전시회에서, "대부분 근작인 것 같은데?"라고 물었더니, "그게 노욕老慾이란 걸세 …"라고 대답했다.

각백은 만년에 이르기까지 제작 태도를 변경하지 않았다. 학생 시절부터 각백은 이런 말을 해왔다.

"예술은 거짓말을 못해. 속임수가 통하지 않는 것이 예술이야."

"예술가는 만인의 눈을 혼자 가진 사람이라고 할 수 있지."

이러한 말들은 입으로만 하는 말이 아니라 각백의 몸에서 우러나오는 말이었다. '만인의 눈'이라 했을 때 그것은 작품을 관람하는 대중의 눈을 의식하는 것이 아니라 작품의 보편성과 객관성을 뜻한다. 자연을 분해하기보다는 자연을 더욱 높은 본질로 승화하려는 성실성을 뜻하는 것이다.

각백의 작품에서 풍기는 높은 품격은 이러한 정신에서 비롯되었다고 본다. 개성을 살리느니, 새로운 실험을 시도하느니 등의 일시적 효과를 작품 속에 삽입하는 일은 하지 않았다. 각백은 한 번도 조각을 수단으로 생각하지 않고 언제나 목적으로 보았다. 어느 작가도 시대와 사회 환경의 영향을 받지 않을 수는 없다. 그러나 각백은 그러한 것을 스스로의 체온으로 완전히 용해시켰다. 각백의 작품은 깊은 동굴 속에서 만나는 종유석鐘乳石이나 석순石筍처럼 몸에서 우러난 생명감을 준다. 그것은 각백의 분신이다.

생명력 넘치는 작품세계

각백이 알고 있는 생명, 각백이 추구하는 인간은 결코 감정적이고 충동적이지 않았다. 르네상스 시대를 상징하는 '예술을 위한 예술'이란 말이 무엇을 뜻하는지 각백은 알고 있었다. 그러나 예술의 자유와 가치를 위해 다른 가치들을 파괴하고 인간의 균형을 기울게 해서는 안 된다는 확신을 가지고 있었다. 각백은 결코 자연주의에 빠져 본 적도 없다.

그러므로 각백이 생각하는 인간과 예술은 르네상스적이기보다는 고대 그리스적인 인간과 예술이었다. 무슨 뜻인고 하니, 일반적으로 르네상스라고 하면 고대 그리스의 문예사상을 부흥한다는 뜻으로 알고 있지만 실제에서 그것은 서구에서의 중세기 천년의 그리스도교 문화에 대한 반동으로 표현된 것이다. 그리스의 문예사상을 부흥한다고는 하면서도 본격적인 순수한 그리스 문화의 정수는 기피하면서 찾아 나선 문예부흥이었던 것이다.

소크라테스 시대 이전에서 그리스 사상의 정당성을 찾으려고 하는 것은 필연적으로 소피스트 사상을 자초하게 된다. 우리는 근대 서구의 사상사에서 이것을 보아왔고, 현대에 우리 스스로가 겪고 있는 모든 혼란과 부조리의 근원이기도 하다. 물론 르네상스 사상의 정당성을 전면적으로 부정하는 것은 아니다. 초자연세계에 지나치게 치중해서 자연과 인간을 소홀히 하던 중세기를 헤치고 나선 것은 옳다고 보아야 할 것이다. 하지만 한 가지 옳은 것을 정당화하기 위해 다른 한 가지를 그르치는 것까지 찬동할 수는 없다.

예술의 가치를 도덕과 이성의 가치와 동등한 위치로 끌어올린 것은 르네상스의 커다란 업적이 아닐 수 없다. 이러한 사조가 비슷한 처지에 있던 동양세계로 건너와서 예술의 자유를 주장하게 된 것은 크게 다행스러운 일이었다. 그러나 그로 인해 다른 가치를 말살하거나 철폐하기를 주장하며 인간 스스로의 존엄성을 상실한 영양실조된 인간관까지 옳다고 한다면 맹목적 추종이 될 것이다.

각백은 한 번도 이런 뜻에서의 새로운 것이나 선구자를 찬양하거나 동조하는 한마디의 말이나 행동을 보인 일이 없다. 이상스러울 정도로 균형과 조화와 이성적인 것에 대한 선천적 애착을 가지고 있었다. 각백은 르네상스적 인간이기보다는 그리스적 인간이었다고 생각한다. 이것은 현실에 있는 민족이나 국가를 얘기하는 것이 아니라 오히려 그런 것을 초월하는 보편적이고 영원하다는 뜻에서이다.

그리고 보니 각백의 작품 중에는 불교적이거나 그리스도교적인 작품이 없다. 목문木紋을 재미있게 이용해서 깎아낸 자각상에서 마치 루오 Georges Rouault 가 그린 그리스도상을 연상케 하는 분위기가 느껴지지만, 아무도 이것을 종교적 작품이라고 보지는 않을 것이다.

각백은 항상 종교적 환경과 근접해 있었다. 중학 시절 이후부터는 은사 장발 선생과 항상 떠날 수 없는 관계를 가지고 있었고, 그 이전에 고향에서는 아마 불교적 환경에서 성장했으리라. 미술대학에 재직하고 있을 때는 가령 가톨릭 성미전聖美展 같은 것을 통해 그리스도교적 작품을 제작할 기회가 많이 있었다. 내가 기억하는 한에 있어서는 그리스도교적 작품을 본 일이 없지만, 마음속에는 항상 신에 대한 믿음을 간직하고 있었다. 이는 마지막 병석에서 한 말에 비로소 나타났다.

"신부님! 참으로 오랜만입니다. 실로 반세기 만입니다…."

반세기 동안 망설이고 기다리고 때로는 거부하기도 하고 찾아나서기도 했을 것이다. 언젠가 기자와 인터뷰하면서도 종교에 관해서 물으니까, "예비 신자라고 할까!"라는 대답을 농담같이 했다고 한다.

부산에 피란 와서 나를 만나기 위해 성당에까지 찾아왔으면 문안에 들어서서 이 사람 저 사람을 보고 물어보고 찾아다닐 수도 있고, 그렇게 하는 것이 보통이다. 그런데 문전에서 여러 차례 장시간을 기다리기만 했다는 것은 누구나 하는 일은 아니다.

각백의 결벽증 :
진리에 대한 순수성

그것은 각백의 결벽이었다. 진리에 대한 순수성이었다. 각백은 "우리 교우敎友"라는 말을 싫어했다.

"우리 교우, 우리 교우, 나 저 소리 좀 안 들었으면 좋겠네."

진리에 네 것, 내 것이 있을 수 없는 것은 당연한 일이다. 만일 가톨릭교가 진리의 종교라면 '우리 가톨릭'이란 말을 해서는 안 된다. 만일 가톨릭이 진리라면 진리를 찾은 사람끼리 만나면 미칠 듯이 기쁠 것이다.

그러나 우리는 여전히 불완전한 인간이기 때문에 진리를 사유재산처럼 소유한다는 태도를 가질 수는 없다. 기성품은 진리가 아니기도 하다. 만인의 것을 혼자서 가진 것처럼 떠들어대는 것은 모독이기도 하다. 독선은 어리석은 것 중에서 가장 어리석은 태도가 아닐 수 없다. 어려운 일이지만 진리를 말하려거든 그것에 해당될 만한 바탕을 먼저 마련해야 할 것이다. 각백의 결벽과 순수성은 항상 이것이 못마땅했던 것이다.

오랜 세월을 두고 가까이 지내면서 각백에게 진리의 문을 들어서는 데 오히려 지장을 준 것이 부끄럽기 짝이 없다.

각백이 파고다공원에 〈3·1독립선언기념탑〉을 제작한 데는 여러 가지 뜻이 포함되어 있었다. 우연히 주어진 기회이기는 하지만 언젠가는 그러한 성격의 작품을 해보고 싶은 염원을 잠재적으로 가지고 있었으리라고 생각된다.

  마치 무대에서는 배우가 언젠가 한 번은 자기에게 알맞은 주역을 맡아서 연기해 보려는 욕망을 품고 있듯이, 부산 피란 시절에 던져진 〈무명정치수를 위한 모뉴멘트〉라는 명제도 우리에게는 가슴이 뭉클한 정감 어린 제목이다. 그때도 각백은 아마 한번 심혈을 기울여서 해볼 만한 일거리라는 생각을 가지고 제작에 임했을 것이다. 왜냐하면 우리는 알게 모르게 스스로가 어떠한 정치적 희생자라는 패배감과 자괴감을 가지고 살아왔다고 생각되기 때문이다.

가톨릭 미술 이전에

'가톨릭 미술'이라고 할 때도 각백은 아마 회의적이었을 것이다. 가톨릭도 어렵고 미술도 어려운데 어떻게 저렇게 '가톨릭 미술'이라고 내세울 수 있을까? 우선 한 가지라도 밑바닥부터 쌓아 올려야 하지 않을까 하는 느낌을 떠날 수 없었을 것이다. 가톨릭 이전에 사람 구실부터 제대로 해야 하고 '가톨릭 미술' 이전에 미술다운 미술을 만들어야 한다는 생각이었다. 각백은 이런 바탕을 마련하기 위해 한평생을 보냈다. 각백은 문안에 들어선 '우리 교우'보다 더욱 가톨릭(보편성)에 가까이 가고 있었다.

각백이 태어난 해는 1915년이다. 3·1운동이 벌어진 때는 1919년이었고 각백이 너댓 살 시절이었다. 국권을 완전히 약탈당한 것은 각백이 태어나기 5년 전이다. 그는 태어날 때부터 나라 없는 백성이라는 설움을 안고 있었다. 이미 팔다리가 다 결박된 다음이었다. 선각자들은 해외로 망명하기도 했고, 용기 있는 사람들은 항일투쟁에 목숨을 던지기도 했다.

그러나 국민 모두가 그렇게 할 수는 없었다. 일반 대중들은 참기 힘든 굴욕을 참으면서 살아가는 길밖에 없었다. 이러한 암담한 시절에 한 가닥 빛은 지식을 찾아 나서는 길이라고 많은 사람들은 생각했다.

힘이 없어서 나라까지 망했으니 힘을 길러야 하고, 힘을 기르는 길은 교육에서 얻어진다는 확신을 갖게 되었다. 이렇게 해서 '배워야 한다. 배우는 것이 힘이다'라는 생각이 상식처럼 되었다. 이것은 근대 초기에 서구에서 '아는 것이 힘이다'라는 사고방식과 표현은 비슷했으나 내용은 같지 않았다. 후자는 근대과학과 과학기술의 힘을 뜻했고, 전자는 항일과 독립투쟁의 힘을 뜻했다.

결과적으로 개화된 지식인들이 해마다 증가하기는 했으나 앞길이 막혔으니 일자리를 찾지 못했다. 창백한 얼굴의 지성인들이 늘어났고 일제 경찰들은 그들을 빈틈없이 감시했다. 이런 정세에서 예술을 하겠다고 방향을 설정하는 것은 요즘 학생들이 자기 능력과 재질을 살리기 위해서 전공과목을 선택하는 것보다 훨씬 심각한 상태였다.

일제시대를 살면서

장래의 진로를 개척하는 것도 큰 문제이지만 정신적으로 사상적으로 무엇을 바라보며 앞길을 헤쳐 나가느냐는 것이 더욱 큰 문제였다.

당시 젊은이들을 알게 모르게 괴롭히고 양심적인 반성을 촉구하는 말이 있었다. "현실도피가 아니냐"는 것과 "시대에 뒤떨어진 생각이 아니냐"는 두 가지였다. 하나는 영웅주의에 대한 갈등이고, 하나는 새로운 진리에 대한 갈망이라 하겠다. 민족주의가 무엇인지 공산주의가 무엇인지 분명히 알지는 못하면서도 독립과 항일에 보탬이 된다면 어느 것이고 버릴 것이 없지 않겠느냐는 생각들을 했다.

그러나 이것이 전부인가? 오로지 이것만이 인생의 가장 높은 이상이며 마지막 가치인가? 이런 회의도 지울 수 없었다. 국가와 민족을 구한 다음에 또 할 일은 무엇인가? 그것이 최후의 승리인가? 그보다 더욱 높고 귀중한 것은 없는가? 이런 것에 대한 해답은 여러 갈래였고 답할 수 없는 경우가 더욱 많았다.

이러한 어둠 속에서 각백은 조각가가 되기로 결정을 한 바이다. 조각이란 예술을 함으로써 이러한 모든 문제를 집중시켜서 풀어 나가리라는 희망을 깊이 간직했던 것이다.

학생 시절에 각백은 이런 말을 했다.

"예술도 하나의 종교라고 생각하네."

해 질 무렵이었다. 우리는 하숙 근처에 있는 호숫가를 거닐면서 얘기를 주고받았다.

"아마 예술과 종교는 밀접한 관계가 있겠지만 동일한 것은 아닐 걸세. 예술은 인간이 하는 일이기 때문에 인간의 한계를 넘어가지는 못하지 않겠는가. 인간의 존재를 근본적으로 성화聖化 하는 능력은 초자연의 천리 속에 있다고 보아야 할 것이네."

이때 각백은 무슨 생각을 했는지 "자네는 그 길을 가는 것이 좋을 것이고, 나는 내가 택한 길을 가는 것이 좋네" 하면서 묵묵히 걷기만 했다. 이처럼 의견은 서로 달랐으나 대립하기보다는 사물을 근본적 각도에서 균형을 잃지 않고 파악하려는 태도는 공통적이었다.

무슨 까닭에 각백은 조각 예술을 택했을까. 중학교 2학년 시절에 동아일보사에서 주최하는 전국 중고등학생 서예전에서 최고상을 받은 경력으로 보나, 자라난 가풍으로 보나, 동양화를 택할 가능성이 높았던 것이 사실이다. 처음에는 물론 은사 장발의 지도가 있었겠지만, 가장 적절한 길을 선택했다고 생각한다. 조각과 농

사는 공통점이 많다. 소박하고 단순한 환경 속에서 지속적인 인내와 노력을 요구하는 점에서 그렇다.

그러므로 자연히 농부와 조각가는 닮은 데가 있다. 각백은 농부 같은 데가 있다. 농사는 자연에 가장 가까운 생업이다. 결코 화려하지는 않지만, 이보다 더 인간답게 할 수 있는 일은 없다. 그러나 이러한 성격이나 체질로 보아서 조각을 택한 것이 적절한 것 이상으로 더 깊은 정신적 잠재력이 조각에 의해서 촉진되었다고 보인다. 우리나라에는 석굴암이라는 세계적 자랑거리가 있고 석탑이 훌륭하기는 하지만 조각이 예술로서 인정받는 전통이 살아 있지는 않다.

그러므로 동양화와 서양화 사이에서 볼 수 있는 전통에서 오는 갈등 같은 것이 없이 그리스 시대의 조각 정신을 순수하게 편견 없이 받아들일 수가 있었다고 생각된다. 각백이 지니고 있는 합리주의적 조화와 균제와 통일에 관한 감각은 그리스적인 것이다. 그것은 동양적이고 디오니소스적인 것이 아니라 서구적이고 아폴로적인 정신이다.

그리스적인 것은 서구적인 것의 핵심이다. 이성주의적 인간관, 이성주의적 세계관, 이성주의적 예술관과 같은 것들은 각백 예술의 뿌리에 해당된다. 이러한 뿌리 없이 각백 예술의 열매들은 생겨날 수 없었다. 이 밖에도 각백의 국가관과 사회관, 민족관에도 그리스적 이성주의, 보편주의, 자유주의와 이상주의가 조명을 던지고 골격을 이루고 있었다. 이렇게 해서 각백은 무無의 철학보다는 유有의 철학에 더욱 기울었던 것이다.

르네상스기의 어느 화가는 십자성十字聖 위에서 그리스도의 시신을 내리는 성화聖畵를 그리면서 손바닥과 다리에 박힌 쇠못을 뽑아내는 작업을 하는 사람들 중에 한 사람의 얼굴을 자기 얼굴과 닮게 그렸다는 얘기가 있다. 그리스도가 십자가에 못 박혀 죽은 것은 인류의 무거운 죄악을 속죄하기 위한 것이었으니, 화가 자신의 죄 때문에도 그리스도의 몸에 못을 박게 된 것을 슬퍼한 나머지 그 죄를 보속하는 뜻에서 자기도 못 하나를 뽑아내야겠다는 생각에서였다고 한다.

각백이 닮으려던 독립운동가 모습

각백이 파고다공원에 〈3·1독립선언기념탑〉을 제작할 때도 이런 생각을 했을 것이다.

'나는 비록 철모르는 어린 시절에 있었던 일이기 때문에 직접 그 거족적인 독립운동에 참가하지는 못했고 같이 고통을 당하지는 못했다. 그렇지만 나도 평생을 두고 나라 없는 백성으로 갖은 수모와 탄압을 받아온 울분을 참을 길이 없었다. 이제 마침 선열들의 애국 충성 열기가 아직도 남아 있는 바로 그 자리에 그분들의 모습을 길이 기리는 작품을 내 손으로 만들게 된 것을 더없는 영광으로 생각한다.'

이런 생각을 하면서 아마 독립 만세를 절규하는 군중 속의 한 사람의 모습을 자기의 모습과 닮게 만들었을지도 모를 일이다.

그리고 독립투사들과 항일의사들에게 감사하는 뜻으로 조각가의 모든 정성을 기울여 제작했을 것이고, 그 일에 어떤 보람을 느꼈을 것이라고 짐작된다. 물론 어느 작가도 "호랑이 굴에 들어가야 호랑이 새끼를 잡을 수 있다"는 옛말이 있듯이 제작에 임할 때는 그 작업에 전신투구해서 정성을 다할 것이다. 그러나 각백의 경우 특이한 것은 공적인 입장에서 위촉을 받고 이러한 작품을 만든 것은 이것이 처음이자 마지막이었다.

그런데 어느 날 신문에 이것이 철거되어 삼청공원 한구석에 버려져 있다는 소식이 전해졌다. 그것도 그 제자들에 의해 들추어내게 되었다는 얘기였다. 이 문제는 그 후 여러 번 거론되었다. 심지어 국회에서까지 논란이 되고 선처하겠다는 공약까지 있었으나 아직도 복구되지 않고 있다.

이 신문기사가 나왔을 때 읽은 작가의 말이라고 한마디 인용된 것을 아직도 잊지 못한다.

"이래서야 어디 예술가의 발붙일 데가 있겠습니까?"

여러 가지 뜻이 포함된 말이라고 생각한다. 어떻게 예술가로서

국가와 민족을 사랑하고 그 은혜에 보답하고 동시에 후세에 오래도록 그 뜻을 심어서 망국의 설움이 다시없도록 할 수가 있겠는가 하는 분노를 터뜨린 것이라고 하겠다. 다음으로는 사리사욕에 눈이 어두운 공직자나 사이비 작가가 백주에 횡포를 자행하니 무엇을 가지고 앞날에 기대를 걸어 보겠는가 하는 비관과 한탄이 담겨 있다고 느꼈다.[03]

어떻게 이런 세상이 되었을까? 각백의 용어대로 하면, 어떻게 해서 혈안만 남았을까? 심안은 점점 뒷전으로 밀려나고 있는 것이다. 눈앞에 있는 순간적인 어둠을 보기 위해서 밤에도 잠을 자지 않으니 혈안이 될 수밖에 없을 것이다. 이것은 행복한 상태가 아니라 불행한 상태이다.

그리스의 소크라테스는 "너 자신을 알라"는 말로 유명하다. '너 자신은 인간이니 인간이 무엇인지를 알라'는 뜻이다. 즉, 인간에

---

03 김종영은 해방 후 처음으로 3·1 운동 정신을 기리는 기념탑인 〈3·1독립선언기념탑〉을 공적으로 위촉받아 1963년 제작했다. 조각가 김종영에게 특별한 작품이다. 첫째, 특정인을 기리는 조형물과 달리 조국의 독립을 위해 남녀노소 온 겨레가 하나 되어 독립만세를 목 놓아 외친 그날의 열기와 정신을 기리기 위해 온 국민의 성금으로 당시 독립선언문을 낭독했던 탑골공원에 제작 설치했다. 둘째, 이 작품은 1979년 석연치 않은 이유로 무단 철거되어 삼청공원에 방치되는 사상 초유의 사건이 발생했다. 얼마 후 그 일을 알게 된 김종영은 정신적으로 견디기 힘든 충격을 받아 지병이 악화되었고, 1982년 12월 15일 불귀의 객이 되었다. 김종영 타계 후 9년이 지난 1991년 후학들과 더불어 범문화예술인들의 노력으로 〈3·1독립선언기념탑〉은 서대문 독립공원에 복원되어, 무단 철거된 공공기념조형물 중 유일하게 복원되었다(《연합뉴스》, 2019. 4. 22).

대한 지식이 어떤 지식보다 필요하다는 주장이 들어 있다.

그리고 인간에 대해 무식하면 악인이오, 인간에 대해 유식하면 선인이라고 주장한다. 아마 이 주장을 뒤집어 놓은 것이 "아는 것이 힘"이라는 말일 것이다. 이것은 자연에 대한 지식을 뜻한다. 이것은 서구에서의 근대 자연과학 발전의 원동력이었다.

모든 문화에는 시차時差가 있다. 일본은 서구보다 200년 늦게 자연과학을 받아들였다. 우리나라는 그보다 또 100년 늦게 개화에 눈을 떴으니 그 시차 때문에 나라를 빼앗겼던 것이다. 그런데 정신문화의 시차는 물질문명의 시차보다 훨씬 더딘 것 같다. 예술에 대한 이해가 이처럼 부족한 것은 정신문화의 완만한 시차 때문이라고 생각한다. 그러므로 참된 예술가는 항상 시대에 앞서 있다고 한다

각백과의 소리 없는 대화

마침 그리스 헤라 신전에서의 올림픽 성화 채화 광경을 우주 중계로 보면서 '각백'을 떠올리고 있었는데, 잡지사에서 원고 청탁하는 전화를 받았다. 나는 지금도 우성 김종영 又誠 金鍾瑛 을 각백 刻伯 이라고 불러야 훨씬 친근감이 있다. "그림 그리는 사람을 화백이라고 하니 조각을 하는 사람은 각백이 아닐까"라고 우석 장발 선생이 서울미대 학장 시절에 어느 자리에서 농담 삼아 던진 말이 이 애칭의 시작이다. 가슴속에서 오가는 각백과의 소리 없는 대화를 중단하기보다는 원고지에 옮겨 보는 좋은 기회라고 생각하며 붓을 들었다.

그리스는 각백과 내가 젊은 시절에 높은 관심을 가졌던 나라였다. 물론 현대 그리스가 아니고 2,500~2,600년 전 고대 그리스를 말한다. 실제로 가보지 못한 나라이지만 곳곳에 남아 있는 돌기둥과 폐허가 된 광장들, 그리고 피디아스의 작업장과 델포이 신전이 텔레비전 화면에 소개될 때는 바로 내 옆에 각백이 묵묵히 앉아 있는 듯했다.

늘 두고 생각하는 일이지만, 각백은 남달리 그리스적인 데가 있다. 골수에까지 침투되어 있다. 그것은 높은 질서의식이다. 그가 그리스의 예술에 그토록 심취하는 까닭도 거기에 있을 것이다.

"비너스의 조각에는 문법이 있어도 석굴암의 금강역사상에는 문법이 없다"는 각백의 말을 잊을 수 없다. 문법이란 논리를 뜻한다. 그리고 그리스의 논리학은 지극히 정밀하면서도 인간적이어서 형이상학과 예술과 도덕의 기초였다. 현대 세계가 이 모든 것을 상실한 것은 저 논리학을 파괴한 결과이다.

그러나 각백은 그 논리학을 마지막 날까지 간직했다. "예술의 목적은 통찰이다"라고 한 그가 남긴 좌우명이 그 증거이다. 델포이 신전에서 소크라테스가 받았다는 "너 자신을 알라"는 유명한 신탁神託과 비슷한 데가 많다. 각백은 그러므로 예술을 위해 예술에 몸 바친 예술지상주의가 아니었다. 따라서 저 찬란한 르네상스를 소화하고 극복하는 데 많은 침묵이 필요했고, 수도자적 고행을 겪어야 했을 것이다.

그러나 항상 '무無'보다는 '유有'에, '부정'보다는 '긍정'으로 몸의 자세를 가다듬었고, 최종적으로는 예술과 종교를 한 몸 안에 포용하는 경지에 이르게 된 것이라고 하겠다. 유교적 도덕의 전통과 그리스적 지성이 예술에서 정화되어 '동서東西의 피안彼岸'으로 발돋움하는 통찰에 도달한 것이라고 생각된다. 통찰에는 여러 가지 뜻이 포함되어 있겠지만 그중 하나는 전체를 내다본다는 뜻도 있을 것이다.

나는 학창 시절에 각백에게 피타고라스의 얘기라고 하는 올림피아 축제에 대한 일화를 상기시키며 서로 의견을 교환한 일이 있다. 피타고라스는 올림피아 축제에는 세 가지 종류의 인간이 있다고 말했다. 제일 수효가 많은 것은 장사하기 위해 오는 군중인데 이들이 가장 밑바닥이고, 그다음 계층은 승리의 월계관을 목표로 땀 흘리는 운동선수들이다. 가장 위에 있는 계층은 그저 다만 올림피아 축제를 전체적인 눈으로 보고 즐기는 계층의 사람들인데, 이런 순수한 사람들은 예나 지금이나 극히 드물다는 얘기가 그것이다. 물론 서울올림픽 같은 것은 꿈도 꾸지 못했던 시대니까, 다만 그리스 민족은 그만치 시각적이라는 것을 확인했을 뿐이었다.

그러나 서울올림픽이 눈앞에 다가왔을 때, 헤라 신전에서 성화가 채화됨으로써 서울올림픽은 이미 시작된 것이라고 모두들 흥분했다. 이런 상황에서 만일 "요즘 어떤 것에 가장 감격했습니까?"라고 각백에게 물었다면, "되도록 감격 안 하기로 했소"라고 대답했을 것이 확실하다. 각백은 묵묵부답할 것이다. 왜냐하면 각백은 전체를 '통찰'하려는 자세를 결코 버리지 않을 것이기 때문이다.

바다의 표면에만 집착하고 태풍에 휘말리는 군중 속에서 바다의 바닥까지 통찰하는 몇 안 되는 사람과는 대화가 어려운 까닭이다.

이러한 근본 구조는 그리스 철인 피타고라스의 안목에 이미 나타나 있다. 허심탄회하게 전체를 통찰하는 이는 드물다. 서울올림픽은 참으로 우리 겨레의 경사이다.

   그러나 이것은 횡적 보편성일 뿐이다. 이러한 원리는 이미 그리스의 본질 속에 있었다. 이것은 반조각反彫刻 보편성이다. 종적 보편성과 만나야 한다. 자연과 초자연이 만나야 한다. 이것이 각백의 '통찰'일 것이고, 저 올림피아의 성화가 오늘날까지 꺼지지 않고 힘차게 타오르는 마지막 염원일 것이다.

자각과 통찰

우성 김종영과 나는 여러모로 연고가 깊고 많다. 이러한 것을 인연 혹은 섭리라고 할 것이다. 1930년대니까 학군제가 있을 리 없고 전국에서 서울로 모여들던 시대에 우리는 중학 동창이 되었다. 전공은 서로 달랐지만 도쿄 시절에 한적한 교외에서 3년간 같은 하숙에서 지냈다.

8·15 해방 후에는 20년 가까이 같은 직장(서울미대)에서 살았고, 지금은 내가 사는 마을의 야산 하나 너머에 우성의 유택幽宅이 있다. 그리고 우리 둘 사이에는 공동의 은사 우석 장발 선생이 아직 미국에 생존해 계셔서 커다란 삼각형을 만들고 있다.

무엇으로 이러한 깊은 연고를 표현할 수 있으랴. 우리는 지금도 끝없이 대화를 나누고 있다. 세상이 몇 번이나 뒤집히고 많이 달라졌으나 우성의 말은 더욱 생생하게 들린다.

그동안 나는 우성에 대한 글을 몇 차례 썼으나 항상 '각백'이라는 애칭을 떠날 수 없었고 우정과 회상의 테두리를 벗어나지 못했다. 이번에도 그런 것을 완전히 떨쳐 버리지는 못하겠지만 되도록 일반화해서 객관적으로 우성을 생각해 보고 싶다.

그런데 만일 우성이 오로지 조각가라면 내가 할 말은 없다. 나는 미술평론가도 미술사가도 미학자도 아니며 작가도 아니다. 나는 그저 형이상학의 애호가일 뿐이다. 그러므로 만일 우성이 어록을 남기지 않았더라면 나의 자리는 없을 것이다. 다행히 우성은 작품집 《우성 김종영》(1980)의 말미에 이것을 수록하면서 '인생·예술·사랑' 속에 모든 것을 종합했다.

> 인생·예술·사랑
> - 무한한 가치, 이것은 인간의 자각이다.
> - 인생은 한정된 시간에 무한의 가치를 생활하는 것.
> - 인생에 있어서 모든 가치는 사랑이 그 바탕이다.
> - 예술은 사랑의 가공.
> - 예술은 한정된 공간에 무한의 질서를 설정하는 것.
> - 예술의 목표는 통찰이다.

이들 6개의 명제는 서로 얽히고설켜서 한 덩어리가 되어 있다. 그래서 얼핏 보기에 중복된 부분이 있는 듯도 하고 막연해서 허황된 선문답 같기도 하다. 하지만 좀 더 조심성 있게 살펴보면 인생·예술·사랑에 대해 각각 두 개씩을 안배한 듯하며, 지극히 치밀하게 짜인 내용이다. 그러나 이것은 현미경이나 망원경을 쓴 사람에게는 보이지 않을 것이다. 지나치게 객관주의에 기울거나 지나치게 주관주의에 기우는 사람에게도 안 보일 것이다.

또한 예술을 위해서는 인생도 사랑도 희생으로 바쳐도 좋다는 사람에게는 무의미하게 들릴 것이며, 반대로 인생이나 사랑을 위해서 예술을 종속시키는 사람에게는 무기력하기 짝이 없는 잠꼬대같이 들릴지도 모를 일이다. 그러나 예술가 우성은 이 모든 것을 다 가지는 동시에 거의 완벽하게 그들을 승화하고 초월하여 인생·예술·사랑을 하나의 존재 속에 용해하여 방사선처럼 서로 침투하는 빛을 내고 있다.

참으로, '작품 없는 사고는 공허하고, 사고 없는 작품은 맹목이다'라는 말을 해도 좋을 듯하다.

우성은 이 사색에서 여러 가지 큼직하고 중량 있는 말들을 썼다. 인생·예술·사랑이란 세 가지 제목은 물론이려니와 무한, 가치, 자각, 시간, 질서, 목표, 통찰, 사랑의 가공 등 이러한 언어들은 현대에 대부분 변질되어 변두리로 밀려나고 제구실을 하지 못하는 말들이다. 때때로 화려한 자리에 나타나긴 하지만 그것은 별 볼 일 없는 수식어로 쓰일 뿐이고, 그 자리를 빛내기 위한 액세서리, 화려한 전통을 지닌 노리개로 등장할 뿐이다.

그런데 우성은 놀랍게도 그들을 각각 제자리에 주빈으로 모신다. 그러므로 우성과 대화하려면 하나의 형이상학이 필요하다고 나는 생각한다. 하나의 소박한 '향연'이 베풀어져야 마땅하다고 생각한다.

우선 그의 작품집《우성 김종영》에 담긴 우성의 말을 듣기로 하자.

단절의 세계

현대의 예술에서는 자연이나 인간의 현실이 옛날과 같이 단순하게 반영되지 않는 데에서 여러 가지 어려운 문제가 발생하는데, 그중의 하나가 예술의 단절현상이라 하겠다. 사회적 관습이나 예술에 대한 일반적 통념은 물론이고, 자연과 현실과의 단절도 서슴지 않는다(185쪽).

우성의 말은 언제나 둥글고 깊이가 있다. 그가 "예술의 단절", "자연과 현실과의 단절"이라고 표현할 때 그 속에는 많은 것이 포함되어 있다. 현대는 단절의 시대라고 한다. 좋게 말해서, 현대는 다원화 시대라고 한다. 진실로 다원화가 있으려면 그것을 한데 묶는 종합이 있어야 하는데 이 시대에는 그것이 없다. 사실은 허물어져 가는 시대처럼 보인다.

모래알 같은 인간 사막의 고독과 허무를 되새기며 핵분열 하듯이 단절되어 가는 예술과 현실과 사회를 어루만지는 말이다. 우성의 예술은 여기서부터 시작된다. 단절된 것을 회복하는 것이 예술이다. 단절된 현실을 사랑하는 것이 우성 예술의 시작이다. 그러므로 '예술은 사랑의 가공'이라고 했다.

하지만 동서고금을 가로막는 이 높은 절벽을 무엇으로 어떻게 넘을 것인가? 이 단절의 절벽에 도전하는 무기는 예술이었고, 일관된 침묵은 그의 병법이었고 용기였다.

학창 시절의 마지막 3년을 그와 함께 생활하면서 나는 그가 조각작품을 제작하는 것을 본 일이 없다. 그는 문학부 학생이었던 나보다 대개는 먼저 하숙에 돌아와 있었고, 하는 일이라고는 거장들의 작품집을 뒤적이는 것이었다. 하루는 내가 늦게 돌아와 보니, "나 광기로 가득하네, 구소$_{鳩巢}$로 가네!"라는 쪽지를 남기고 집에 없었다. '구소'는 우리가 가끔 들르던 아담한 음악다방이었다. 나는 그 무렵 미술학도의 생활이 어떤 것인지 알지 못했다. 요즘 아틀리에에서 밤을 지새우고 작업복 차림으로 거리를 헤매는 젊은 예술학도들을 보면서 비로소 당시의 우성을 의아한 눈으로 다시 생각하게 된다.

학생 시절부터 그는 초연했다. 전시회 때문에 광분하는 것을 본 일이 없고, 시류를 따라 우왕좌왕하는 모습을 본 일이 없다. 그는 어떠한 뜻에서나 사대주의를 멸시했다. 정신적인 것이거나 물질적인 것이거나 내 것이나 남의 것이나 무비판하게 열광하는 일이 없었다. 그렇다고 안빈낙도$_{安貧樂道}$하는 은자도 아니고 예술을 여기$_{餘技}$로 즐기는 사대부도 아니었다. 그는 예술가의 성실성과 작품행위의 주관성과 객관성에 대해서 탁월한 식견을 체득하고 있었다.

> 예술가는 누구나 관중을 염두에 두게 되며 예술가가 생각하는 관중은 시대와 지역을 초월해서 많고 넓을수록 좋다. 그러나 진정한 관중은 자기 자신이다. 왜냐하면 자신을 기만하면 관중을 속이는 셈이 될 것이고, 자신에게 정성을 다하면 그만큼 관중에게 성실하게 되기 때문이다. 결국 작품은 자신을 위해서 제작한다고 말할 수 있겠다(184쪽).

예술은 정직한 것임을 항상 그는 강조했다. 자기를 기만하지 않고 자기에게 충실하기 위해서 묵묵히 길을 갔다. 우성은 근대성, 현대성을 모색한 것이 아니라 그러한 것을 거슬러서 위로 높은 데로 찾아간 것이다. 겉으로 보기에는 아무런 걸림돌이 없는 듯했으나 속으로는 무수한 장벽을 넘어야 했다. 겉으로는 시류를 못 본 체했으나 속으로는 그것을 넘어서 올라가고 있었다. 그는 이 불덩이로 인생과 예술을 불태워서 하나가 되게 했다. 이 불덩이는 사랑이다.

예술의 고향

르네상스 이후 사람들은 자연과 인간을 재발견한 듯했으나 사실은 그렇지 못했다. 〈아테네 학당〉이라는 라파엘로 Raffaello Sanzio 의 명화를 보면, 소크라테스가 광장에서 시민들과 대화를 나누고, 플라톤은 하늘을 가리키고, 아리스토텔레스는 땅을 가리키고 있다. 도덕을 바탕으로 한 인간교육과 이상주의와 현실주의를 각각 상징하는 뜻이라고 한다.

지극히 평화스럽고 아름답게 그려진 이 명화 속에는 현대를 살아가는 모든 이의 오해와 모순과 고민이 들어 있다. 어떻게 이상과 현실이 한자리에 있을 수 있으며, 어떻게 인간을 이성으로 교육할 수 있는가? 현대인은 이 모든 것을 상실한 것이다. 이것을 어디서 어떻게 찾을 것인가? 우성 예술의 핵심은 여기에 있다. 이것 때문에 머뭇거리고 이것 때문에 침묵하고 초연할 수 있었던 것이다. 우성은 마치 기억상실증에서 깨어나듯이 서서히 더듬더듬 길을 찾아 나섰다.

현대 세계는 아테네와 다르다. 고대 중국이나 인도와도 다르다. 그 시절의 인간도 아니고 그 시대의 자연도 아니다. 이렇게 인간관, 우주관이 크게 달라진 것은 두 가지 거대한 변화 때문이라고 하겠다. 하나는 지동설이고, 또 하나는 생물 진화론에서 비롯되었다.

이 두 가지는 모두 자연과학의 발전에서 생긴 열매이다. 헌데 이 열매는 엄청나게 큰 것이어서 아직도 그 전체를 짐작하기 어렵다. 우주관과 인간관이 서로 엇갈려 가는 느낌도 든다. 우주의 공간과 시간은 무한대로 확장되는데 인간은 무한대로 축소되고 있다. 지구 중심에서 태양 중심으로 중심 없는 우주로 공간이 확대되고, 인간 중심에서 동물 중심으로 중심 없는 미물로 내려가면서 이성을 버리고 본능으로, 또다시 본능보다 미세한 미화未和의 것으로 하강하고 있다.

이렇게 해서 자연과 인간은 망원경 속에서도 자취를 감추게 되었다. 인간 없는 곳에 이성이 있을 리 없고 도덕과 종교가 있을 리 없다. 한때는 철학이 이 물결의 앞잡이가 되더니 이제는 시녀로 혹은 잡역부로 변신한 지 오래고 도덕과 종교는 고아처럼 헤매는 꼴이 되었다.

예술세계라고 다를 리가 없다. 오히려 예술가들은 더욱 과감하고 민감하게 그리고 구체적으로 이 추세에 가담했다고 보아야 할 것이다. 모방을 치욕으로 알고, 창조만 앞세우며 "예술을 위한 예술"이라는 절대 자유를 구가하기 위해서는 현대 세계가 가장 알맞은 환경이라고 생각하는 작가들이 흔히 보이기 때문이다. 우성은 이러한 환경을 벗어나는 과정을 이렇게 술회한다.

나는 일찍이 인체에 제한되어 있는 조각의 모티브에 대해서 많은 회의를 가져왔다. 예술이란 일상생활에서 경험하는 감동을 자유롭게 표현할 수 있어야 한다고 믿어왔다. 그 후로 오랜 세월의 모색과 방황 끝에 추상예술에 관심을 갖게 되면서부터 내가 갖고 있던 여러 가지 숙제가 다소 풀리는 듯하였다.

사물에 대한 관심과 이해의 폭이 넓어지고 참으로 실현하기 어려운, 지역적 특수성과 세계적 보편성의 조화 같은 문제도 어떤 가능성이 있어 보였다. 그동안 약 30년간의 제작 생활은 이러한 여러 가지 과제에 대한 탐구와 실험의 연속이었다고 하겠다.

그래서 나는 완벽한 작품이나 위업을 모색할 겨를도 없었고 거기에는 별로 흥미도 갖지 않았다(185쪽).

이보다 더 솔직하고 극명하게 자기의 예술을 양심적으로 겸허하게 고백하기는 어려울 것이다. 이 속에는 현대예술의 핵심적 문제들이 담겨 있다. 여기에는 구상과 추상, 개별성과 보편성, 경험과 자유, 예술과 진리에 대한 근본적 해답을 요구하는 형이상학의 문제가 들어 있다. 30년이면 평생을 바친 것이라고 하겠다. 문제의 실마리를 찾기는 참으로 어려웠던 것이다.

나는 언젠가 우성은 '무無의 철학'보다 '유有의 철학'에 가깝다는 말을 한 적이 있다. 아테네는 예술의 발상지이기도 하지만 과학과 철학과 형이상학의 고향이기도 하다. 헌데 고대 그리스 경험론은 경험을 바탕으로 높은 데로 상승하는 데 비해 근대 이후 경험론은 경험을 바탕으로 해서 아래로 하강하는 특징이 있다.

아리스토텔레스의 경험주의, 즉 현실주의는 물질세계를 바탕으로 형이상학을 형성했고 근대 경험주의는 밑으로 분석해 내려가 결국 회의주의에 봉착한다. 이것을 비판하고 종합한다는 칸트는 결과적으로 관념론으로의 길을 열고 또 그것은 여러 갈래로 갈라지고 말았다. 그 갈림길은 헤겔 이후에 더욱 심해지고 프랑스혁명 후에 또다시 갈라지고 마르크스와 프로이트, 니체 후에 더욱 격렬하고 극단적인 변혁을 초래했다.

근대예술도 이에 못지않은 격동기를 겪었을 뿐만 아니라 어느 분야보다 선명하게 나타났다. 아직도 앞길이 보이지 않는 이러한 격류 속에서 우성은 놀랍게도 위로 향하는 고전적 경험론을 택하고 위로 열려진 자유에서 휴식을 맛보고, 보편성과 구체성의 종합을 획득하는 길을 추상조각에서 체득하게 된 것이다.

대체로 현대추상예술은 자연을 등지고 내리막길에서 방황을 계속하는 데 비해 우성은 자연을 승화하는 형이상학적 세계로 향한다. 이 길은 관념론의 원천인 플라톤의 길이 아니라 현실론의 시조인 아리스토텔레스의 길이라고 하겠다. 이것은 우성의 다음과 같은 술회에서 충분히 짐작된다.

아름다운 것이 무엇인지 나는 알고 있지 못하다. 그렇기 때문에 미美를 알고서 그것을 추구한다는 것은 지극히 허황된 일이라고 생각한다.

    절대적인 미를 나는 아직 본 적도 없고 그런 것이 있다고 믿지도 않는다. 그것은 전지전능의 조물주에 속하는 문제다.

    예술가가 미를 창작하는 능력이 있다고 믿는 것은 미신에 불과하다. 나는 창작을 위해서 작업한다고는 생각하지 않으며 나에게 창작의 능력이 있다고는 더욱 생각지 않는다.

    따라서 개성이나 독창성에 대해 지나친 관심을 갖기보다 자연이나 사물의 질서에 대한 관찰과 이해에 더욱 관심을 가져왔다. 자연현상에서 구조의 원리와 공간의 변화를 경험하고 조형의 방법을 탐구하였다.

    그리하여 무엇을 만드느냐는 것보다 어떻게 만드느냐에 더욱 열중해 왔다. 작품이란 미를 창작하는 것이라기보다 미에 근접할 수 있는 조건과 방법을 이해하는 것이라고 생각한다(185쪽).

이 글은 마치 아리스토텔레스가 자기 스승인 플라톤의 이데아론論을 반박하는 대목을 연상케 한다. 아리스토텔레스에 의하면, 현실에 바탕을 두지 않은 이데아라는 것은 존재하지 않는다고 단언했다.

    만일 현실 세계가 이데아를 모방한 것이고 이데아의 그림자 같은 것이라면 인간의 이데아가 따로 있을 것이고 또 그 인간의 이데아의 이데아가 있어야 하니 제3의 인간이 필요하다는 반론을 펴면서 이데아론은 불가능하다고 주장하며 현실을 바탕으로 하는 경험주의를 강조했다.

우성이 "자연이나 사물의 질서에 대한 관찰과 이해에 더욱 관심을 가져왔다. 자연현상에서 구조의 원리와 공간의 변화를 경험하고 조형의 방법을 탐구하였다"고 하는 말은 분명히 아리스토텔레스적 경험론의 성격을 지니고 있다.

그러나 현대 세계는 플라톤이 지배하는 세계이다. 플라톤이 화가의 그림은 이데아의 그림자인 현실을 보고 모방한 것이니 예술은 제2의 모방이라고 한 주장은 현대예술가의 고민거리로 남아 있다. 현대예술가는 새로운 이데아를 찾아서 헤매고 있기 때문이다.

물질주의와 과학기술로 가득 찬 현대 세계가 플라톤 사상과 연결되었다는 것은 이율배반적 현상 같지만, 이것은 근대 사상의 필연적 결말이다. 플라톤 사상은 그 원천이 피타고라스에 있고 피타고라스는 기하학과 수리철학의 시조이다. 현대과학과 과학기술은 수학을 떠나서는 상상조차 못한다.

고대 수학자들은 종교적 우주관과 인간관 속에 보호되어 있었으나 신을 떠난 현대 수학은 물상을 지배하는 이론과 기술에 봉사하는 실효 때문에 끝없이 추구되고 있을 뿐이다. 이러한 플라토니즘은 현대예술과 깊숙이 연결되어 있어서 마치 예술 혹은 미학의 원리가 수학에 바탕을 두고 있는 듯이 착각하기 쉽다.

그러나 수적인 것은 어디까지나 하나의 도구에 불과하다. 건축가가 정규定規와 척도를 사용하여 설계도를 작성하지만 건축예술이 수학의 산물은 아니다. 예술적인 것이 수적인 것 속에 자리를 만들기는 하지만 수가 예술을 만드는 것은 아니다.

이 문제는 예술의 단절과 전통과는 깊이 관련된다. 수학은 고도로 추상적 학문이다. 그러므로 수적인 것은 사회성이나 역사성이나 전통에 관계없이 그 논리성과 합리성이 적용된다. 모방을 치욕으로 알고 개성을 극대화하는 현대예술에서 수적인 이데아와 개성을 공존시키려면 어떻게 될 것인가. 이것을 우성은 이렇게 말한다.

> 작품을 형성하는 모든 요소가 다른 사람의 작품과 조금도 관련됨이 없이 완전하게 자기 창안에 의한 것은 있을 수 없다고 하겠다. 만약 그러한 작품이 있다고 하여도 특이하다는 것만으로 높이 평가될 수는 없는 것이고 오히려 작품의 형식에서 사회성을 볼 수 없을 뿐 아니라 기법이나 정신 면에서도 시대성을 잃게 되어 고아가 되어 버리지 않겠는가(185쪽).

또한 우성은 이렇게 주장한다.

> 나는 작품의 유기적 구조와 더욱 효과적인 입체를 위해 시머트

리symmetry를 깨뜨리기에 힘쓴다. 시머트리는 작품을 평면화하고 운동성과 입체의 생기를 잃게 한다. 생명의 동적 상태는 항상 애시머트리asymmetry다(184쪽).

시머트리란 수학적인 것이다. 그는 예술의 핵심이 수가 아니라는 것을 통찰하고 있었다. 우성 예술에 아류성이 없는 것은 이 까닭이다.

환희의 눈물

예술은 불완전한 '자아-의식'에서 시작하여 완전한 '자아-의식'으로 옮겨가는 과정이라고 한다. 예술은 하나의 인간 현상으로서 궁극적으로는 도덕적인 것과 과학과 철학적인 것과 공동 목표에 도달한다. 가는 길은 서로 달라도 종착점에서 서로 만난다.

 인간은 낮은 데서부터 높은 데로 찾아 올라가지만 존재론적으로는 높은 것이 선재先在한다. 그러므로 인간은 높은 것에 이끌려서 그 도움을 받으며 전진한다. 그래서 그 높은 것, 완전한 것을 소유하기를 바란다. 자아-인식은 '자아-소유'로 이어져서 최종적 목표에 도달한다. 그러므로 예술은 절대자를 소유하는 하나의 방편인 것이다.

그러나 도덕의 길과 사유의 길과 예술의 길은 서로 다르다. 혼동하면 과오를 범하게 된다. 예술이 관념의 시녀가 될 수 없고 도덕의 앞잡이가 아닌 것은 그 까닭이다. 토마스 아퀴나스가 예술을 "보아서 즐거운 것" Quid visum placet 이라고 정의한 것은 유명한 사실이다. 이성주의에 치우친다는 비난이 많은 것은 사실이지만 합리주의와 구별되어야 하고 의욕 일변도에서 오는 인간 상실을 무엇으로 보호할 것인지 아울러 생각해야 할 것이다.

시각을 이성의 대표로 내세우는 것이 아니라 감각의 대표로 내세우는 것이다. 전통적 인간관에서는 "보는 것은 아는 것이고 보는 것은 소유하는 것"이다. 시각은 가장 순수한 감각이고 가장 투명한 실존이다. 보는 것은 가장 높은 활동이다.

그러므로 진과 미와 선은 시각에서 종합되고 시각에 소유하게 된다. 시각은 또한 청각과 통한다. 시視는 시각과 청각 어느 것에 속하는지 분간하기 어렵고 굳이 분간하지 않아도 좋을 것이다. 아무튼 예술은 항상 감각을 떠나지 않는다. 감각을 떠난 것, 감각의 바탕이 없는 것은 예술이 아니다. 해서 예술의 즐거움, 예술의 가치는 항상 감각 속에 있다. 우성의 말을 들어보자.

"예술은 한정된 공간에 무한의 질서를 설정하는 것."

어떻게 유한한 것과 무한한 것이 연결될 수 있는가? 이것은 형이상학의 핵심문제이다. 근대철학은 이것에 실패했다. 그래서 목적론을 버리고 기계론의 노예로 전락했다. 우성은 놀랍게도 이것을 회복한다.

"예술의 목표는 통찰이다."

목표 없는 것에 목표를 다시 주어서 구제한다. 눈 없는 것에 눈을 주어서 질서를 보게 한다. 물상物象적인 것을 아무리 확장해도 그 속에서 정신적인 것은 나오지 않고, 정신적인 것을 아무리 높여도 그 속에서 사랑이 나오지는 않는다. 사랑은 높은 데서 온다. 이것은 파스칼의 "세 가지 질서"의 뜻이다.

"인생에서 모든 가치는 사랑이 그 바탕이다."

이 말은 파스칼Blaise Pascal의 세 가지 질서를 떠나서는 이해될 수 없는 말이다. 우성이 학창 시절에 《팡세》를 머리맡에 두고 떠나지 않았던 것을 나는 보았다.

우성은 결코 세 가지 질서를 혼동하지 않았다. "지知와 정情과 의意의 질서"를 혼동하지 않았다. 우성의 예술은 이데아 혹은 도덕에 봉사하기 위한 것이 아니라 사심 없는 정감의 산물이다. 해서 그것은 '무의미'한 것이고 다만 '존재'할 뿐이다. 그것은 "보아서 즐거운 것" 이외에 아무것도 아닌 것이다. 우성의 작품은 우리에게 휴식을 준다.

우성은 어느 날 밤 모든 투쟁을 끝마치고 영원한 휴식에 들어갔다. 그는 "환희의 눈물"이란 말을 입에 담으며 눈물을 씻었다. 파스칼의 《메모아르》에 나오는 "환희의 눈물"을 연상시킨다.

"병든 양을 이렇게 찾아 주시니 고맙습니다. 지금 흘리는 눈물은 슬픈 눈물이 아니라 환희의 눈물입니다"라며 목자를 맞이했다.
　사랑은 높은 데서 온다. 우성은 침묵 속에 이것을 예감하며 예비하고 있었다.

추모전 인사

여러분들의 정성으로 이렇게 훌륭한 추모전을 열게 된 것을 진심으로 감사드립니다. 우성이 가신 지 벌써 10년이 지났습니다. 강과 산은 하루가 다르게 변하고 있으나 우리들 가슴속 우성의 모습은 가실 줄을 모릅니다. 현실 사회에서는 강한 것만이 살아남는다고 하지만, 예술세계에서는 아름다운 것만이 살아남는다고 생각합니다.

우성은 언젠가 "나는 아름다운 것을 본 일이 없고 그것이 무엇인지 알지도 못한다"고 말한 적이 있습니다. 하지만 그것은 아름다운 것 자체를 부정하거나 거부하는 뜻이 아니라 관념적이고 추상적인 이론 세계와 감성적 작품세계의 차이를 구별하는 말이라고 생각합니다.

우성은 학창 시절부터 구체적 창작세계와 이념적 형이상학의 세계를 직관적으로 구별하고 있었습니다. 서로 다른 것을 다르다고 인정하는 지극히 현명한 태도입니다. 그것은 예술작품에 철학의 꼬리표를 달지 않으며, 철학 속에 예술을 예속시키지 않는 슬기를 뜻합니다.

우성은 대학에서 교편을 잡으면서 "학생들에게 예술을 가르친다는 것은 저들을 미치게狂 하는 일인데, 저들을 미치게 하려면 스승이 먼저 미치는 데가 있어야 하지 않겠는가?"라고 한탄한 적이 있었습니다.

이것은 미치는 것이 위에 있을 때와 아래에 있을 때를 구별하는 동시에 아름다운 것의 뿌리가 선善과 악惡의 뿌리와 이웃 관계에서 예술보다 더 높고 더 깊은 곳에 숨겨져 있다는 것을 예감하는 말이라고 하겠습니다. 따라서 예술가는 본 적도 없고 들은 적도 없는 것을 찾고 창조하기 위해서 평생을 그것에 미쳐서 사는 존재라는 뜻일 것입니다.

하지만 "예술은 한정된 공간에 무한의 질서를 설정하는 것"이라는 우성의 통찰을 간과해서는 안 됩니다. 예술가의 광기狂氣는 투명한 지성과의 치열한 투쟁을 통해서 무한한 자유에 도달한다는 것을 우성은 작품으로 보여 줍니다. 이것은 우리가 추모하는 우성의 가장 귀중한 유산이라고 생각됩니다.

거듭 말하거니와 이번 전시회를 위해 협력해 주신 많은 분들과 이 전시회가 성사되게끔 뒤에서 애써 주신 여러분들께 심심한 감사의 말씀을 드리는 바입니다.

'무한'을 넘어
'영원'으로 떠난 사람

우성 김종영이 떠난 지 벌써 14년이란 세월이 흘렀다. 마음속으로라도 '각백刻伯!' 하고 불러 보지 않고서는 그의 모습이 떠오르지 않는다. 각백은 그의 애칭이다. 그림 그리는 사람을 '화백'이라고 한다면 조각하는 사람은 '각백'이 아니겠냐고 한 우리의 은사 우석 장발 선생의 농담에서 비롯된 말이다. 그러나 일반명사로 통용된 일은 없고 그저 친구들 사이에서 김종영을 일컫는 개인적 애칭이 되었을 뿐이다.

  나와 각백은 고향이 달랐기 때문에 초등학교는 따로 다녔지만, 그 이후 대부분의 세월을 함께 보낸 친구이다. 전공은 달랐지만 같은 하숙집에서 살았고, 학교를 졸업한 후에도 20년 가까이 한 대학에서 교단에 섰다. 우리는 6·25 전쟁과 피란살이도 함께했다. 지금 내가 살고 있는 용인 집에서 산등성이 하나만 넘으면 각백의 유택이 있다. 나도 이제 80 고개를 훨씬 넘었으니 머지않아 각백을 만날 것이다.

  세상에는 그보다 위대한 예술가도 많겠지만 각백만큼 예술과 인생과 사랑을 불가분의 상태로 혼연일치시킨 작가는 드물 것이다. 나는 이번에 각백의 '인생·예술·사랑'을 다시 더듬어 보면서 금과옥조 같은 그의 여섯 가지 깊은 통찰에 새로운 감명을 받았다. 그 속에는 '무한한 가치', '한정된 시간', '한정된 공간', '무한의 질서'라는 말이 얽히고설켜 완벽한 금자탑을 이루고 있다. 근대 이후 대부분의 우수한 지성인들은 이쯤에서 마무리 짓고 손을 뗀다.

그러나 각백은 참으로 내명內明한 사람이다. 나는 그가 언제 복음서를 읽었는지 알지 못한다. 읽었다 해도 그가 어떻게 그것을 소화했는지 감쪽같이 몰랐다. 각백은 '무한한 가치'를 '영원한 가치'로 보완했다. 무한과 영원은 그 차원이 다르다. '영원'은 단순한 시간의 연장이 아니다. 오히려 '순간'과 유사한 것으로서 체험된다.

마치 파스칼이 '철학자의 신', '과학자의 신'을 뛰어넘어 '살아 있는 인격신'을 고백했듯이, 각백도 마지막 순간에 '무한의 가치'로서의 '예술가의 신'을 뛰어넘어 스스로를 '사랑의 가공'에 의탁하는 '영원한 침묵'의 환희로 가득 채운 것이다.

김종영 이야기

나는 그동안 김종영에 관해 여러 번 글을 썼다. 예술이나 조각에 대해서보다는 인간 김종영에 대해서 아는 대로 기억나는 대로 모든 것을 증언한 셈이다.

내가 이처럼 나의 친구 각백(나는 그를 각백이라는 애칭으로 항상 불렀기 때문에 각백이라고 해야 그에 대한 우정이 떠오른다)에 대해 증언하는 것은 각백 김종영은 살아서보다 죽은 후에 점점 진가가 더욱 나타나고 예술계의 스승 혹은 현대 조각의 새로운 길을 창시한 개척자로 존경을 받게 된 까닭일 것이다.

물론 나와 그가 친구가 된 것도 우연일 것이고, 내가 그보다 오래 살아남아서 오랜 우정 속에 스며 있는 이야기를 끄집어내게 되는 데도 수없이 많은 우연이 얽혀 있을 것이다. 언제나 그랬듯이 이번에도 그가 사랑했던 제자 최종태 교수가 기회를 만들었을 것이다.

이번에는 김종영의 조각이 아니라 그림을 모아서 책을 만들게 되었으니 거기에 '김종영 얘기'를 쓰라는 것이다. '각백 얘기는 이제 더할 것이 없는데' 하며 망설이다가, '각백'에서 '화백'으로 소급해 올라가면 무엇인가 새로운 경지가 나타날 것 같았고, 오히려 본격적으로 김종영의 본질이 보이지 않을까 하는 기대감으로 또다시 기억을 더듬게 된 것이다.

예술과 수학교육에 관한 얘기가 될 것이다. 그날은 마침 최종태 교수가 서울대에서 정년퇴임하는 교수들의 모임에서 돌아오는 길이었다. 그런데 고액 과외인가 족집게 과인인가 때문에 총장이 물러나고 자리에 없어서 씁쓸한 분위기였다고 한다.

김종영이나 내가 학교에 다니던 시절에는 상상도 못했던 교육 풍토였다. 물론 우리 시절에는 앞길이 암담한 절벽으로 가로막혀 있었다. 각자가 암벽을 기어올라야 했다. 그래서 포기하는 사람이 더 많았다.

지금 우리들의 교육 환경이 훨씬 편리해지고 명랑해졌지만, 내용은 '인간 부자'의 부품제작 기술을 전수하는 직업훈련소와 다를 것이 없다. 옛날 우리들의 시대 환경은 마치 감옥같이 암울했으며 그 속에는 암중모색하는 '인간'이 감금되어 있었다.

내가 김종영과 만난 것은 1930년대 초반이었고, 우리는 인문계 중등교육기관인 휘문고보의 학생이었다. 당시 교육 중심 도시는 우선 서울이었고 그다음은 일본 도쿄였다.

휘문 시절에 우리는 장발 선생과 만났다. 장발 선생은 컬럼비아

대학을 마치고 돌아온 지 몇 해 되지 않았을 무렵이다. 김종영은 미술반 학생이었으므로 나보다 훨씬 직접 장발 선생과 접촉했을 것이다. 미술반에는 암막 장치가 된 교실이 배당되어 있었고, 거기서 석고상을 모델로 방과 후에 미술 실기 지도를 받았다.

그런데 어떻게 조각을 전공으로 택할 생각을 했을까. 다른 친구에게 뒤에 들은 얘기지만, 김종영의 석고 데생은 회화적이기보다는 조각적이라는 평가를 장발 선생이 내렸다고 한다. 나는 모를 일이다. 무엇이 회화적 데생이고 무엇이 조각적 데생인지, 지도 교사 장발 선생은 그것을 내다본 모양이다(후에 서울미대에서 김종영 교수에게 예술용 인체해부학 강의를 담당하도록 한 것도 장발 학장이다).

이미 그 시절에 순수예술, 순수시, 순수과학 등의 말이 학생들 사이에도 돌고 있었다. 순수를 추구하는 것은 자주독립과 진리와 자유를 갈망하는 어린 학생들의 숨겨진 소망의 표현일 것이다. 일본에서는 제국주의 군벌, 독일에서는 나치스, 이탈리아에서는 파시즘이 두각을 나타내며 돌진하는 국제 정세였다. 난세 속에서 오히려 순수한 것을 갈망하게 되는 것이 인간성의 당연한 모습일 것이다.

아무튼 우리는 도쿄에서 다시 만났다. 김종영은 우에노미술학교 조소과에 다니고, 나는 조치대학 철학과 학생으로 대학 기숙사에 살고 있었다. 나는 가톨릭교회가 내세우는 신앙이 믿을 만한 진리인지 배우기 위해서, 김종영은 예술가가 되기 위해서 공부했다.

당시 일본 제국주의자들은 식민지에 미술이나 음악을 전공하는 교육기관을 정책적으로 설치하지 않았다. 민족적 정서를 함양하고 표현하는 것을 억압하고 말살하기 위해서였다고 한다. 일제로부터 해방된 지 반세기가 지날 때까지 자유민주주의 국가에서 일본 대중문화를 차단했던 것은 그에 대한 대가를 치른 것이라고 생각한다.

한국 천주교는 100여 년에 걸친 참혹한 박해가 종식된 지 아직 얼마 되지 않았기 때문에 가톨릭대학을 설립할 여지가 없었다. 그리고 안중근 의사가 옥중에서 기록한 자서전을 보면, 당시 뮈텔 Gustave Charles Marie Mutel 대주교는 '지식이 증가하면 신앙이 약해진다'는 신념을 가지고 있었다고 한다. 그런 영향이 있어서 한국에는 지식인을 양성하는 종교적 교육기관이 없었다.

그 시절 우리는 문과 계열에 속하는 교육을 받고 있었다. 문과 계열의 학생들은 수학 공부를 싫어하는 학생들이다. 수학이 싫어서 문과를 택한 것이다. 그들에게 수학은 '무의미'한 것이고, 인간의 행복과 아무런 관련도 없는 '무가치'한 학문이다.

그런데 김종영은 예술 공부를 하면서 그 무의미하고 무가치한 학문과 다시 만나게 된 것이다. 실용은 기술의 영역이다. 기술과 예술이 새로운 질서를 요구하는 것이다. 당시 도쿄에는 '아테네'라는 외국도서 전문서점이 있었다. 김종영은 거기서 그리스 건축과 조각에 대한 화집을 구입했다. 아마 하숙방에 앉아서 그런 책을 뒤적이는 시간이 아틀리에서 작업하는 시간보다 훨씬 많았을 것이다.

하루는 이런 소리를 했다.

"육당 최남선六堂 崔南善은 괴짜야. 〈동아일보〉 시상식에 와서, 르네상스가 어떻고 그리스 신전의 엔타시스entasis가 어떻고 하는 얘기를 그 옛날에 어린 학생들에게 했으니 말이야."

자기 얘기를 별로 하는 일이 없는 각백이 중학교 1학년 때 전국 학생 서예 공모전에서 일등상을 받았던 일을 떠올리며 한 말이다. 고대 그리스 신전 건축에서나 르네상스 시대 예술에서는 기술이 예술에 봉사하는 질서에 있었다. 각백은 조각을 전공하면서 더욱 깊은 차원에서 예술과 기술의 미묘한 조화를 이해하고 감탄하는 듯했다.

모든 기술의 핵심에는 수학이 있고, 수학은 높은 가치를 떠받치는 의미심장한 학문이었다. 적어도 기하학의 창시자로 알려진 피타고라스에게 있어 그렇고 플라톤의 경우도 그렇다.

수는 만물의 원리라고 주장한 피타고라스는 플라톤의 선구자이다. "기하학을 모르는 자는 이 문을 들어설 수 없다"고 플라톤의 아카데미 문전에 쓰여 있었다고 한다. 이 전통이 오늘날에도 살아 있어 수능시험 과목에 반드시 수학 과목이 끼어 있지만, 고대 수학은 오늘날의 수학처럼 '무의미'하고 '가치중립'적인 학문이 아니었다.

피타고라스는 우주를 질서정연한 '코스모스'라고 한 최초의 천문학자이다. 그는 천체 운동에는 우리가 듣지 못하는 '천체 음악'이 있을 것이며, 태양을 중심으로 회전하는 떠돌이별이 9개밖에 확인되지 않지만, 우주는 '완전'하기 때문에 우리가 보지 못하는 지구 저편에 하나가 더 있어서 10개라고 주장했다고 전해진다.

플라톤은 추상적 수의 원리에 치중하는 피타고라스의 수리철학을 수용하고 그것을 더욱 체계화하여 이데아 철학을 세웠다. 그는 궁극적으로 실재하는 것은 이데아이고 감상적 세계는 이데아의 그림자에 불과하다고 했다.

여기서 길게 얘기할 여유는 없지만, 현대 세계에는 이것이 전도된 세계다. 이데아는 그림자이고 감각이 유일한 실재이며 현실이다. 하늘로 치솟은 진선미의 피라미드에서 밑바닥만 남은 것이다. 모든 가치와 의미는 사라지고 '순수 무의미'만 남은 것이다.

오늘날 국가가 그것을 장려하고 세계열강이 기술을 위해 경제적 투자를 하며 그 상황에 따라 선진국과 후진국도 결정된다. 과학기술은 산업, 군사, 통신, 의료, 인간 생명의 모든 분야를 장악한다. 그러나 인간의 가치와 의미에 대해서는 아무런 발언도 하지 못한다. 기술세계는 무의미·무목적의 왕국이다. 현대예술은 모르는 사이에 그 왕국에 영토를 제공하고 있다.

김종영이 남긴 '인생·예술·사랑'이라는 여섯 가지 잠언에는 꼭 한 군데 탈출구가 있다. '예술은 사랑의 가공加工'이 그것이다. 사랑이라는 말이 "은총은 자연을 파괴하지 않고 오히려 완성으로 이끈다"는 성 토마스의 말을 연상시키기 때문이다.

김종영 형의 영전에서
각백, 이젠 좀 쉬시오

김 형을 우리는 '각백'이라고 불러왔소. 그렇게 부르는 것이 가장 편하고 친근감이 있기 때문이오. 그러므로 지금도 "각백!"이라고 부르겠소. 대답이 있을 리 없소. 생전에도 대답이라고는 별로 하지 않고 다만 돌아보고 눈으로만 대답했으니….

그러나 나는 각백이 침묵하는 뜻을 약간은 알 것 같소. 각백은 지금도 또 무엇인가 작업하고 있는 것이 분명하오. 고장 난 차는 덜컹덜컹 요란한 소리를 내며 끌려가지만 정상적인 차는 소리가 없다고 각백은 늘 말했소.

누군가는 각백을 예술계의 수도승이라고 한 말이 기억나오. 그러나 이번에 마지막 병마에서 초인적 투병을 하면서 일체의 문병객을 사절한 절대적 침묵 속에서 각백은 참으로 놀라운 작품을 완성했고, 그것은 목재나 석재나 점토로 만든 작품이 아니라 스스로의 육신과 영혼으로 창조한 작품이었소.

하루는 갑자기 침묵을 깨고 신부님을 모셔 오도록 하고 "실로 반세기 만에 기쁜 눈물을 흘리게 되었습니다"라면서 자기 육신과 영으로 제작한 작품에 마지막 날인을 원했던 것이오. 참으로 놀라운 순간이었소. 옆에 있던 맏딸이 아버지의 눈물을 씻어 주는 모습을 나는 보았소.

오래전에 '각백'이라는 애칭을 우연히 발설했던 은사 우석 선생께서 이 소식을 들으시고 그렇게 기뻐하신 까닭은 무엇이겠소?

각백은 이미 이에 대한 대답을 《우성 김종영》이란 작품집에 써 놓았소. "인생은 한정된 시간에 무한의 가치를 생활하는 것", "예술은 사랑의 가공", "예술의 목표는 통찰"이다.

또 거기에는 이러한 놀라운 통찰도 나와 있소.

"예술가는 누구나가 관중을 염두에 두게 되며, 예술가가 생각하는 관중은 시대와 지역을 초월해서 많고 넓을수록 좋다. 그러나 진정한 관중은 자기 자신이다. 왜냐하면 자기 자신을 기만하면 관중을 속이는 셈이 될 것이고, 자신에게 정성을 다하면 관중에게 그만큼 성실하게 되기 때문이다. 결국 작품은 자기 자신을 위해 제작한다고 말할 수 있겠다."

열 권의 책을 쓴들 이런 통찰이 어디 그리 쉽겠소. 나는 참으로 부끄럽다는 말도 할 수 없을 만큼 부끄럽소. 눈물은 더구나 엄두도 나지 않소. 그 책에는 또 이런 지언至言이 보이오.

"'무한한 가치', 이것은 자각이다."

이제 우리는 각백刻伯을 각백覺伯이라고 글자를 바꿔야겠소.

이제 좀 쉬시오.

최의순

서울대 명예교수·조각가

한록 선생 미래에서 현재를 본다

1955년 한록 박갑성閑鹿 朴甲成 선생의 '철학개론' 오후 강의 시간에는 맨 앞좌석에 앉아야 한다. 등잔 밑 앞좌석은 선생의 눈을 피해 졸기에 안전하다. 우성 김종영 선생의 오전 실기 시간에 작품과 씨름하다가 바로 이어지는 수업이다. 몸이 풀리고 한낮 무더위와 맞물리는 순간 머리가 떨구어진다. 눈을 크게 뜨고 졸음을 참으려 해도 별수 없다.

한록 선생의 강의는 잔잔한 물결처럼 이어진다. 실기 시간에 가끔 둘러보시며 한두 마디 작품에 대해 이야기하신다. 그 당시에는 여러 분야의 교수님들이 작품에 대해 이야기하셨지만 철학 교수의 작품 이야기는 조금 낯설었다. 지적은 정확하고 객관적이다.

강단에 섰던 어느 날 한록 선생의 질문이 생각난다.

"추상이라는 개념은 관념적인데 실존하는 실재의 작품이 어떻게 추상예술이 될 수 있는가?"

한록 선생과 나는 돈암동 성당이 본당이므로 가끔 뵐 때가 있었다.

1963년 서울대 미대 졸업 기념.
앞줄 가운데 박갑성 학장(학위모), 오른쪽으로 조각과 강사 마이아 핸더슨, 김종영.

"기적이란 자연과학으로 설명할 수 없을 때 기적이라고 한다."

본당 신부님이 미사 중에 자주 고해성사를 하라 하셨다. 한록 선생은 "그 말은 자주 죄를 지으라는 것이 아닌가?"라고 웃으면서 나에게 말씀하셨다.

미래에 대해 이야기하는 한록의 안목은 나의 근시안을 원시안으로 바로잡곤 했다. 전쟁 후 서울대는 연구비가 없었고 보너스는커녕 한 달 생활도 빠듯한 본봉만 지급했다. 타 대학에서 높은 급여로 채용하겠다는 제안이 왔을 때, 한록 선생이 그 제안을 거절하였고 나는 무척 당황했다.

시간이 지나고 보니 길게 보면 잘된 일이었다. 어떤 사안에 대해 판단을 주저할 때마다 한록 선생을 찾아뵙고 의견을 청하면 내 뜻과 반대로 말씀하실 때가 종종 있었다. 처음에는 수용하기 어려웠다. 그래도 뜻하는 바가 있으셨을 거라 생각하고 그대로 수긍했다.

유학 문제로 대학의 초청장을 놓고 고민했을 때 한록 선생은 "본인의 예술관이 확고해진 후에 외부 문화를 바라보는 것이 정석이니, 유학은 좀 더 생각해 보라"고 충고하셨다. 그 당시에는 해외 유학생 송금액이 한 달에 100달러로 한정되어 있었다. 그 비용으로는 해외에서 연구는커녕 하루를 살기도 어려운 비용이라고 말씀하셨다. 당시 유학을 포기했지만, 훗날 미국 국무성의 초청을 받아 공짜로 타국 문화를 섭렵하게 되었으니 다행 아닌가. 이후 이탈리아에서 1년간 해외파견 교수로 연구하게 되었으니 이 또한 다행 아닌가. 내 인생에서 가장 즐거운 연구 생활이었다.

어느 날 한록 선생은 우성 김종영에게 배운 최종태와 최의순의 작품 세계가 크게 다른 이유가 무엇인가 질문했다. 같은 말이라도 그것을 해석하는 방식이 다를 수 있다고 생각했다.

1959년에 대학원에 복학했다. 예수회 도비아 김태관 신부에게 예술론 강의를 들었다. 스승 우성 김종영 선생께서 예술의 길을 열어 주셨다면, 김태관 신부의 'Art & Rule' 강의는 더 높은 곳에서 아름다운 세계를 구현하기 위한 이정표를 만들어 주셨다. 실재와 사유의 균형을 유지하게 된 셈이다.

도비아 김태관 신부는 한록 선생과 삶을 함께 걸어가는 동지였다. 두 분은 일본 도쿄의 조치대학 철학과 동문이었고, 한록과 우성 김종영은 동시대를 같이 걸어간 막역한 사이의 선비들이었다. 도비아 김태관 신부님이 서강대를 설립하는 데 한국예수회 초대 신부로서 심신을 다하여 실무를 할 때 그 옆에는 한록 선생이 그림자처럼 늘 함께했다. 터를 잡고 '서강'이라고 이름 지었다는 후문을 들었던 시기에 한록 선생이 청나라에 선교를 갔던 마테오 리치 신부상의 제작을 의뢰했다.

이 작품은 서강대 공대에 설치되었다가 행방이 묘연해졌다. 세월이 지나 김태관 신부 추모 100주년 즈음에 서강대 합창단 사무실에서 발견되었다. 합창단 창설은 김태관 신부의 작품이었다. 김태관 신부가 주도하는 모임에는 늘 한록 선생이 계셨다.

훗날 한록 선생의 도움으로 우성 김종영 선생은 도비아 김태관 신부의 집전으로 종부성사를 받으시고 1982년 12월 15일 소천하셨다. 1년에 한 번 용인 천주교 묘지에 방문하여 우성 김종영 선생을 뵙고, 그 위쪽으로 올라가서 도비아 김태관 신부님을 뵙곤 한다.

그리고 그 산 너머에 한록 선생 댁이 있다. 어떤 사진 속엔 한록과 도비아 김태관 신부가 조각가 동문들 사이에서 우성 김종영 선생의 묘역에 함께 있었다. 또 다른 사진 속에서는 도비아 김태관 신부 묘역에 한록이 뉴먼클럽 회원들과 같이 서 있는 모습을 본다.

뉴먼클럽은 도비아 김태관 신부의 작품이고 그 클럽에 한록 선생이 계셨다.

우성·한록·도비아 삼총사의 우정은 따뜻한 감흥을 불러일으킨다. 한록 선생은 2009년 경기도 모란공원에 영면하셨다. 최종태, 최의순 그리고 변기용이 한록 선생의 하관을 묵묵히 참관했다. 한록 선생은 생전에 서울대에서 서강대로 옮겨 도비아 김태관 신부와 말년을 함께 보냈다. 한록 선생 뒤에는 김태관 신부의 진정한 의미의 공변公辯 된 가톨릭이 있었다.

한록 선생은 우성 김종영 선생 기념사업회의 초대 회장을 맡으면서 우정을 이어가셨다. 1990년 4월 김태관 신부는 강의 중 소천하셨다. 얼마 후 도비아 신부 추모전을 기획하신 것도 한록 선생이었다.

우리는 보름 안에 성사되기 어렵다고 말씀드렸는데 밀어붙여 백상기념관에서 전시회를 개최하였다. 한록 선생이 도비아 김태관 신부 추모전을 연 지 무려 40년 뒤 두 번째로 도비아 김태관 신부를 기리는 작품전이 뉴먼클럽 총무 민승기 박사의 노력으로 2019년 4월에 열렸다. 도비아 김태관 신부 탄생 100주년 추모전이었다.

입동立冬. 깊은 하늘을 보면서 어디선가 세 분이 함께 거닐고 있는 모습을 떠올려 본다.

박 찬
전북대 물리학과 명예교수

아버지 회상

내게는 아버지가 돌아가시고 남겨진 책장에서 발견한 오래된 빛바랜 아름다운 흑백 사진이 한 장 있다. 6·25 피란 시절 부산 송도 바닷가에서 찍은 사진이다. 아버지는 나와 여동생의 손을 잡고 있고 누나는 초등학교 이름표를 달고 있다. 뒤쪽으로는 가난한 마을이 보이는데, 거기 어디쯤 우리 가족이 살았던 집이 있었을 것이다.

어려운 시절이었지만 내 기억의 출발점이다. 6·25 전쟁이 거의 끝날 무렵 부산 피란민 대부분은 서울로 돌아갔다. 하지만 아버지

부산 피란 시절,
송도 바닷가에서
박갑성과 자제들(1남 2녀).

직장인 서울대 미대가 휴전협정이 체결되기를 기다리며 부산에 남아 있었기 때문에 우리 가족은 서울로 돌아가지 못했다. 나는 일본식 학제에 따라 4월 부산 남부민초등학교에 입학했다. 내 생일이 3월이어서 오늘날과 같이 조기입학을 한 셈이었다.

우리 가족은 피란 시절 송도에 살았다. 잘은 모르지만 미술대학이 근처 어딘가에 있었는지도 모른다. 휴전 후 서울로 돌아와 살게 된 우리 집은 돈암동에 있는 일본식 적산가옥이었다. 집을 비운 3년간 신나게 자란 잡초는 내 키를 훨씬 넘었고, 아버지를 도와 산더미 같은 잡초를 마당에서 치워야 했다. 나는 1학년 2학기에 돈암초등학교로 전학했다.

그렇게 시작된 서울의 평화로운 생활 중에 잊지 못할 신기한 사건이 하나 발생했다. 어느 날 아침에 다다미방 거실에 나갔더니 아버지 친구분(김종영 선생)이 계셨다. 그분은 그날 이후 한동안 우리 집에서 같이 사셨다. 훤칠한 키의 마른 몸매를 가진 분이었는데, 바닥에 종이를 펴고 그림을 그리고 계셨다. 납작한 검은색 네모진 콩테(무엇인지는 나중에 알았다)를 한 손에 쥐고 데생을 하고 계셨다. 처음 보는 장면이었고 무엇을 그렸는지 지금은 기억나지 않는다. 하지만 콩테의 납작한 면을 손가락으로 눌렀을 때 종이 위에 나타난 모양은 아주 멋졌다. 그림이 무엇인지 몰랐지만 종이 위에 펼쳐지는 멋진 필치는 내 마음을 뒤흔드는 충격적인 것이었다.

다음 날도 그다음 날도 나는 그것을 구경하기 위해 그 방을 기웃

서재에서 책을 읽고 있는
박갑성, 1953년.

거리곤 했다. 그때 나는 김종영 선생님이 소유한 가지가지 아름다운 현란한 색깔로 네모나게 길게 늘어선 파스텔이란 것도 처음 보았다. 그때 그 사건은 내 일생 동안 나를 따라다녔던 미술 욕구를 만들어 내는 깊은 낙인이 되었다.

내가 자랐던 아버지의 서재는 책들로 벽이 꽉 찬 곳이었다. 아버지가 돌아가시고 남겨진 책들은 내가 가지고 전주로 내려왔다. 지금 그 책들은 내 방 하나를 두르고 채워져 있다. 슬픔을 줄이기 위해 내 물리학 책들을 섞어 방 하나를 만들었다. 책들은 대부분 외국서적이다. 독일어와 일본어, 영어, 프랑스어로 된 것들이다.

아버지의 제 1 외국어는 독일어였다. 내가 독일 유학하던 시절에 아버지가 나를 찾아오셨을 때 민박에 묵으시게 했는데 아침에 찾아갔더니 놀랍게도 집주인과 독일어로 이야기하고 계셨다.

    아버지의 가톨릭은 특별했다. 그것은 중세적이며 스콜라적이었지만, 인간의 근원적이고 신비한 것이었다. 일본 도쿄에 유학하던 시절에 다니셨던 조치대학은 독일인이 세운 예수회 대학이었다. 독일 신부에게 영세를 받아 영원의 세계를 체험하셨고, 그것은 다시 되돌릴 수 없는 것이었다.

아버지는 혜화유치원 선생님이셨던 어머니와 결혼하셨다. 나도 혜화동 성당에서 첫 영성체를 했다. 아버지는 돈암동 성당 새벽 미사에 매일 나를 데리고 다니셨다. 부모님은 내가 자라 훌륭한 랍비가 되길 바라셨다. 바울의 유대인 부모가 바울에게 바랐던 것과 같았다. 결국 나는 예수회가 세운 서강대에 입학했다. 예수회 학자신부는 되지 못했지만 그 생각은 오랫동안 마음속에 남아 있었다.

우리 가족에게는 아버지의 특별한 가톨릭과 함께 언제나 일생을 같이해온 조각작품이 하나 있다. 우리 가족이 살던 집 마당에는 언제나 이 성모상이 놓여 있었다. 그 조각상은 김종영 선생님의 초기 작품이었는데, 보통 우리가 아는 지루하고 틀에 박힌 성모상이 아니었다. 크지 않았지만 특별한 순수함과 거룩함을 지니고 있었다. 침묵을 전문으로 하는 어느 봉쇄수도원 마당에 서 있음직한, 황제

박갑성 결혼식, 명동성당,
1943년 11월 23일.
맨 왼쪽이 신랑 측 증인 장발.

펭귄의 육신을 닮은 경건한 모습이었다. 이 성모상은 내 머릿속을 근본부터 채우는 아름다움과 순수함의 기준이 되었다.

아버지도 김종영 선생님도 말씀이 많은 분은 아니셨다. 하지만 아버지는 글도 많이 쓰시고 번역도 많이 하셨다. 오늘은 두 분을 떠올리면서 아버지가 번역하신 M. 피가르트의 《침묵의 세계》를 생각했다. 책장을 펼치니 첫 페이지에 이런 글이 있다.

"언어는 거룩한 침묵의 바탕이다."

이것으로 말씀이 없으셨던 그러나 침묵의 전문가이셨던 아버지와 김종영 선생님, 두 분의 회상을 대신하기로 한다.

최종태, 〈박갑성 초상〉, 종이에 연필, 2024.

최종태
김종영미술관 명예관장·서울대 명예교수

김종영 조각을 그리다

"각백의 모습은 기암절벽이기보다는
잔잔한 호반풍경이라고 해야 더욱 어울릴 것이다.
고요할수록 호심湖心에는 삼라만상의 모습이
떠오르기 때문일 것이다."

각백은 세 가지 눈을 구별하고 있었다.
혈안血眼과 육안肉眼과 심안心眼이 그것이다.
각백은 사물의 허와 실을 날카롭게 판단하는
심경心鏡의 슬기를 가지고 있었다.

각백에게는 무위자연에 파묻히려는
유혹이 보이지 않았다.
릴케적인 '시인의 신'의 비극적인 절망의 그림자도
깨끗이 씻어 버리고 심해처럼 투명하고 고요한 '유'를
확신하는 경건한 마음으로 가득 차 있다.

각백은 무엇이 예술이고 무엇이 민속이며
창작과 모방의 한계를 분명히 분별했다.
예술가적 태도, 과학자적 태도,
상인적 태도를 알고 있었을 뿐만 아니라
자기의 영역이 아닌 것에는 눈길도 보내지 않았다.

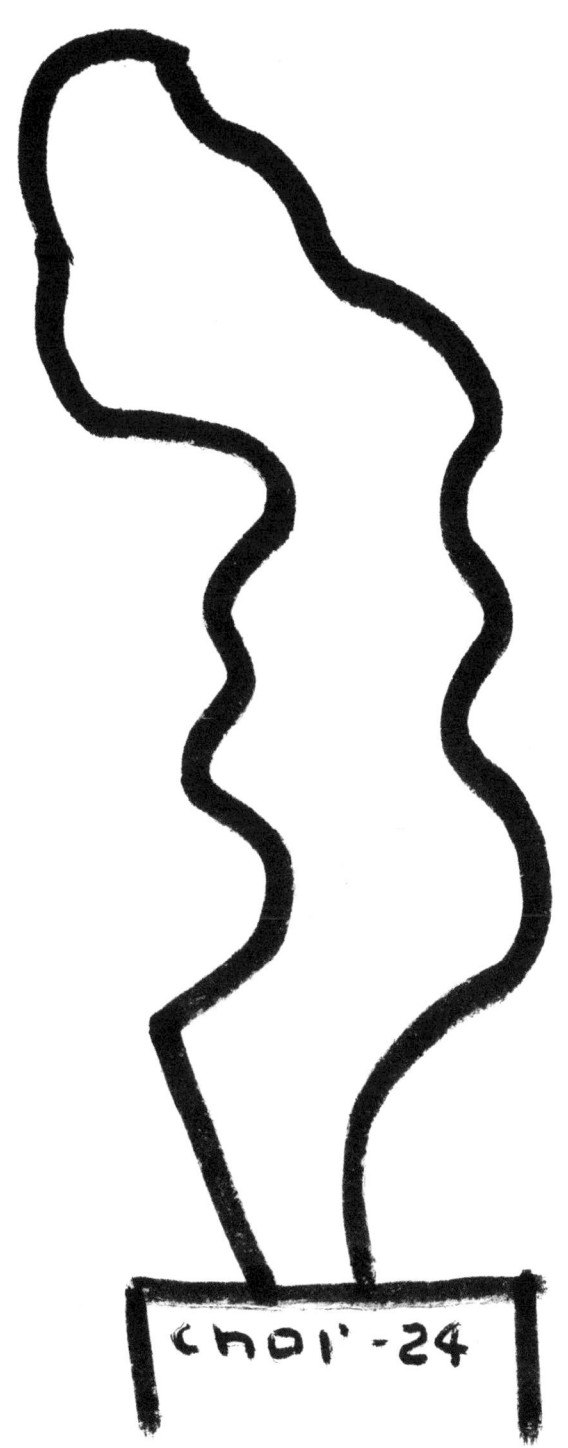

'또닥또닥' 돌 쪼는 소리가 들릴 듯 말 듯
조용조용히 새어 나오는 각백의 공방工房은
우주의 섭리와 인간의 자유가 대결하는 도장이었다.
망치 소리가 멎었을 때는 '인생·예술·사랑'에 대한
명상에 잠기는 순간이다.

"예술도 하나의 종교라고 생각하네."
어둠 속에서 각백은 조각가가 되기로 결정을 한 바이다.
조각이란 예술을 함으로써 모든 문제를 집중시켜서
풀어 나가리라는 희망을 깊이 간직했던 것이다.

'작품 없는 사고는 공허하고, 사고 없는 작품은
맹목이다'라는 말을 해도 좋을 듯하다.
각백은 이 사색에서 인생·예술·사랑 등
큼직하고 중량 있는 말들을 썼다.

단절된 현실을 사랑하는 것이 각백 예술의 시작이다.
단절의 절벽에 도전하는 무기는 예술이었고,
일관된 침묵은 그의 병법이었고 용기였다.

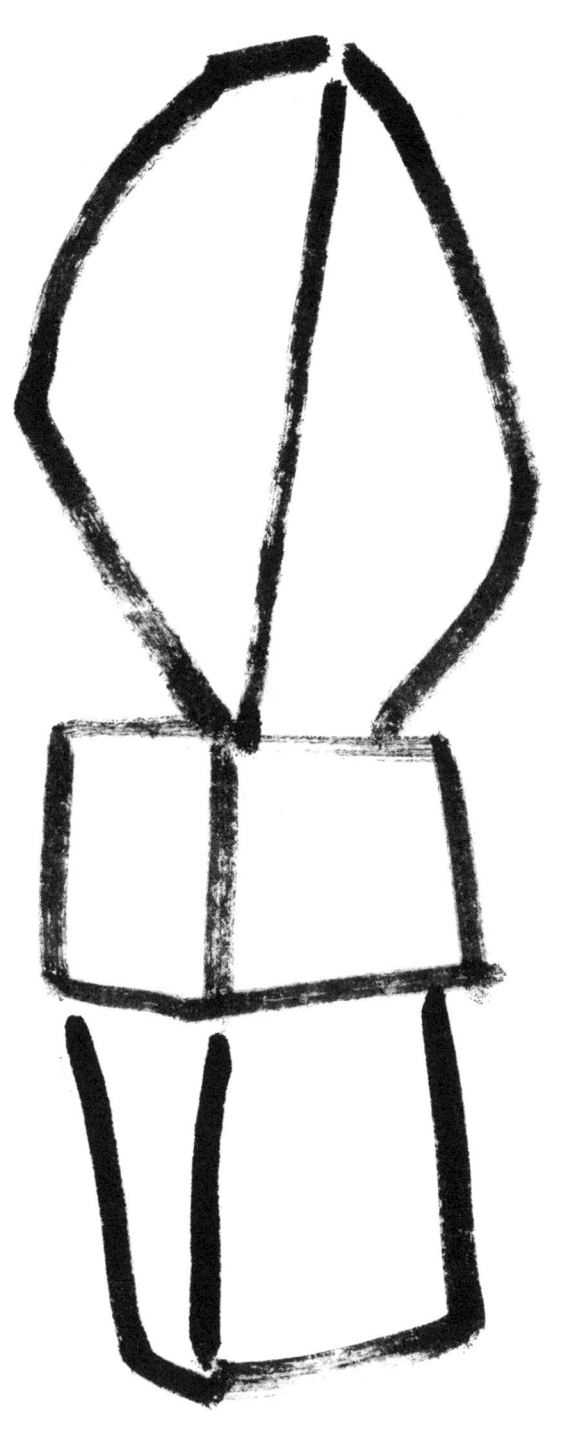

각백은 '무한한 가치'를 '영원한 가치'로 보완했다.
'영원'은 단순한 시간의 연장이 아니다.
오히려 '순간'과 유사한 것으로서 체험된다.

"예술은 한정된 공간에 무한의 질서를 설정하는 것."
예술가의 광기 狂氣 는 투명한 지성과의 치열한 투쟁을 통해서
무한한 자유에 도달한다는 것을 각백은 작품으로 보여 준다.

유교적 도덕의 전통과 그리스적 지성이
예술에서 정화되어 각백은 '동서東西의 피안彼岸'으로
발돋움하는 통찰에 도달했다.

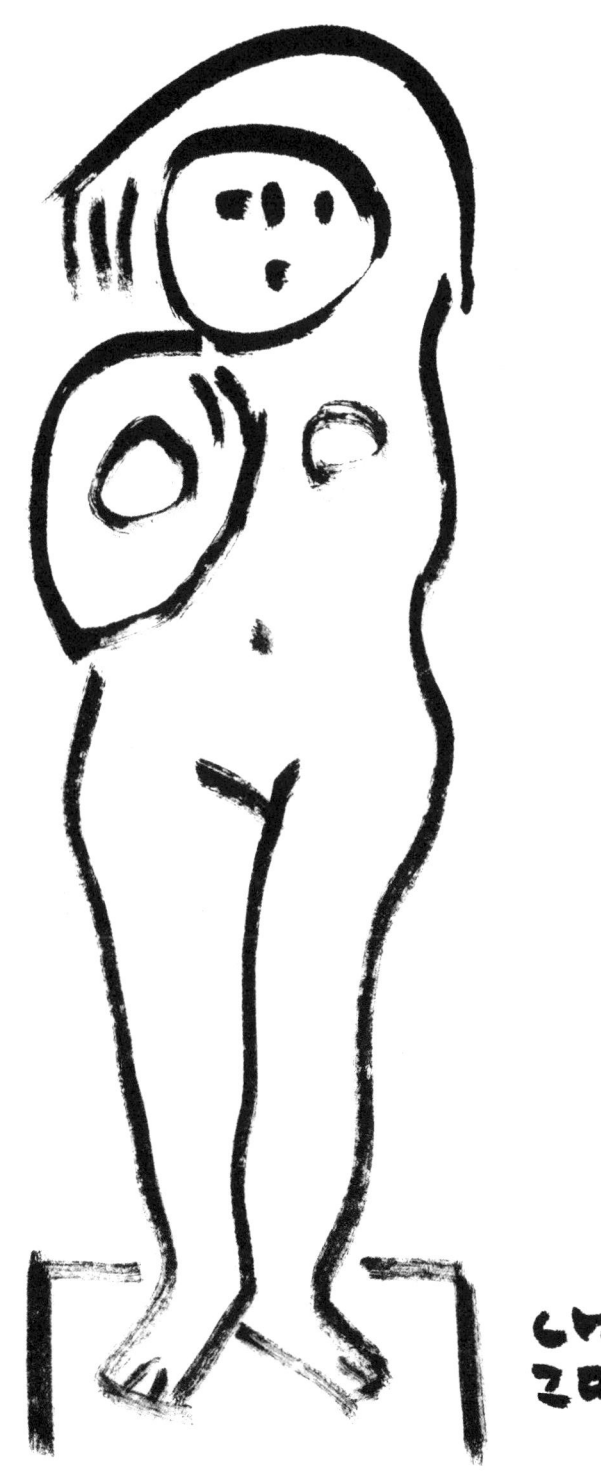

각백의 말은 언제나 둥글고 깊이가 있다.
모래알 같은 인간 사막의 고독과 허무를 되새기며
핵분열 하듯이 단절되어 가는 예술과
현실과 사회를 어루만지는 말이다.

각백은 묵묵부답할 것이다.
바다의 표면에만 집착하고 태풍에 휘말리는 군중 속에서
바다의 바닥까지 통찰하는 몇 안 되는 사람과는
대화가 어려운 까닭이다.

"예술가는 만인의 눈을 혼자 가진 사람이라고 할 수 있지."
각백이 '만인의 눈'이라 했을 때 그것은 작품을 관람하는
대중의 눈을 의식하는 것이 아니라 작품의 보편성과 객관성을 뜻한다.

"진선미가 삼각추三角錐처럼 높이 솟으려면 현실적 기초,
든든한 밑바닥이 필요하다는 말일세."
각백의 말대로 현실적 밑바탕이 없는 진선미의 높은 가치는
허공에 뜬 신기루 같은 것이다.

choi' 2024

각백은 근대성, 현대성을 모색한 것이 아니라
그러한 것을 거슬러서 위로 높은 데로 찾아간 것이다.

"인생에서 모든 가치는 사랑이 그 바탕이다."
사랑은 높은 데서 온다.
각백은 침묵 속에 이것을 예감하며 예비하고 있었다.

각백은 이 불덩이로 인생과 예술을 불태워서 하나가 되게 했다.
이 불덩이는 사랑이다.

각백과 대화하려면 하나의 형이상학이
필요하다고 나는 생각한다.
하나의 소박한 '향연'이 베풀어져야
마땅하다고 생각한다.

절대적 침묵 속에서 각백은 참으로 놀라운 작품을 완성했고,
그것은 목재나 석재나 점토로 만든 작품이 아니라
스스로의 육신과 영혼으로 창조한 작품이었다.

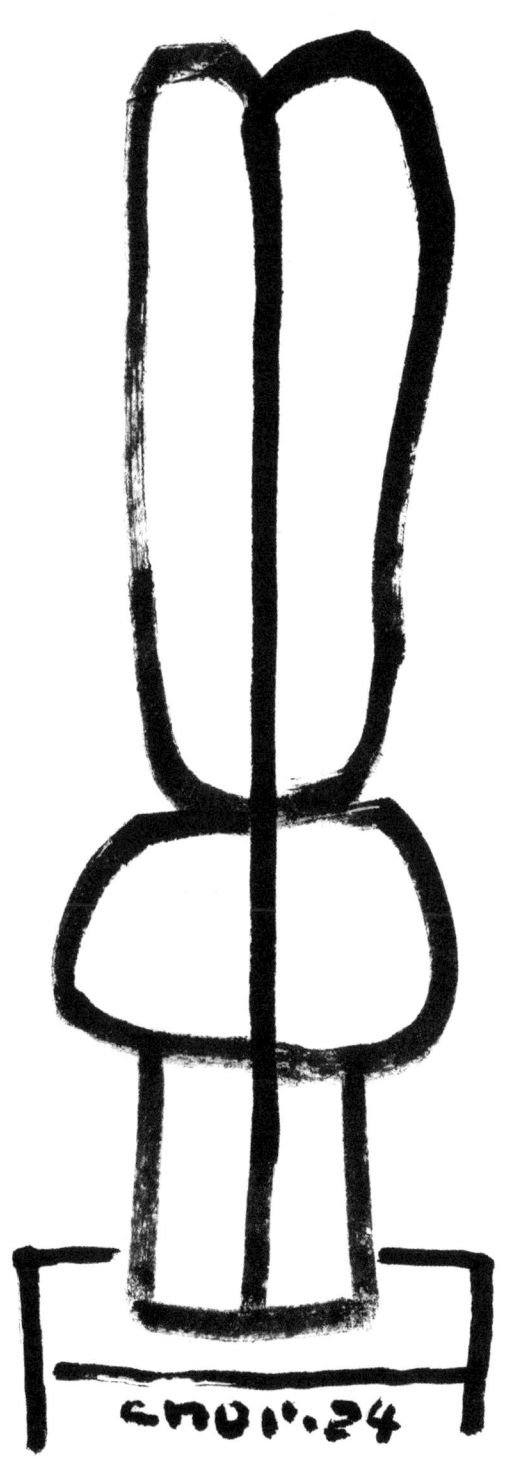

세상에는 그보다 위대한 예술가도 많겠지만,
각백만큼 예술과 인생과 사랑을 불가분의 상태로
혼연일치시킨 작가는 드물 것이다.

각백은 마지막 순간에 '무한의 가치'로서의
'예술가의 신'을 뛰어넘어 스스로를 '사랑의 가공'에
의탁하는 '영원한 침묵'의 환희로 가득 채웠다.

김동길

전 연세대 명예교수

김종영

한국 근대조각의
선구자,
화가로서도
서예가로서도
뛰어난 작가

〈조선일보〉에 주말 연재칼럼 '백 년의 사람들'을 쓰다가 신문사의 사정으로 도중에 끝낼 수밖에 없었다. 그러나 나의 홈페이지에 연재를 계속하여 87번째 인물을 선정함에 있어 조각가 우성 김종영을 선택한 것은 나로서도 놀라운 일이라고 여겨진다. 여태껏 내가 한 번도 만난 적이 없는 인물을 선정한 일은 한 번도 없었다. 이 칼럼(2019. 8. 17)이 처음이다.

그에 관하여 쓰게 된 것은 그가 우리 시대에 가장 저명한 조각가였고 그의 철학이나 인생관이 나로 하여금 큰 감동을 느끼게 했기 때문이다. 하지만 나는 한 번도 그를 만나 악수해 본 적이 없다. 다만 그의 가족 중 한 사람이 자기 아버지의 서재에 내가 쓴 책이 한 권 있었다고 하는 말에 그에 관해 쓰고 싶은 생각이 문득 생긴 것은 사실이다.

나는 파고다공원에 노인이 되어서는 한 번도 간 일이 없다. 하지만 그 공원을 찾아가 노인들과 같이 앉아 당시 서울대 교수였던 김종영의 조각을 보며 여러 번 감탄한 적이 있다. 그 조각은 무슨 일로 파고다공원에서 철거되어 어디에 갔는지를 몰라 궁금했는데, 뜻밖에도 독립문공원 안에 모습을 나타내어 매우 감격스러웠다.

그 조각에는 3·1 독립운동을 기념하는 천재적 예술가 김종영의 애국심이 박력 있게 그려져 있다. 그의 작품을 파고다공원에서 철거하고 나서 그 자리에 엉뚱한 작품이 하나 나타났다. 나는 그것을 거들떠보기도 싫어서 한 번 가 보고는 다시는 파고다공원으로 발걸음을 옮긴 적이 없다.

김종영은 경상남도 창원의 매우 부유한 집안의 태어났다. 그의 생가는, 동요작가 이원수가 노래한 〈고향의 봄〉으로 전해지는데, 그 노래 속 집이 바로 김종영의 생가라고 한다.

그는 휘문고보에 입학하여 그림을 그리기 시작했다. 학생 때 그가 그린 그림들은 빠짐없이 모두 수집되어 지금은 '김종영미술관'에 소장되어 있다. 나는 그 그림을 보고 어린 나이에 그런 그림을 그릴 수 있었던 소년 김종영이 천재라고 느꼈다. 그는 일제 때 우에노에 있는 도쿄미술학교에 들어갔다. 그의 휘문고보 때 은사이던 장발의 권면에 따라 미술학교에서 조각과에 들어갔다.

그는 이 나라 조각계에서 추상으로 선풍을 일으켰다 해도 과언이 아니다. 우성은 이렇게 말한 적이 있다.

"예술의 미명을 팔아서 예술가의 흉내를 내는 사람은 말할 나위도 없거니와 제법 비장한 결의와 노력을 쌓아가며 예술에 정진하는 사람일지라도 견식이 얕거나 평범한 고집으로 지향하는 바가 무엇인지, 이념이나 사회적 지각 없이 단지 속된 기술이나 형식에 얽매여 진전을 보지 못하는 것은 딱한 일이다."

그 말을 뒤집어 보면 "천재가 아니라면 예술을 전공하지 말라"는 뜻으로 해석할 수 있다. 우성이 도쿄미술학교에 다니던 때 조치대학에서 공부하던 철학자 박갑성은 가장 가까운 친구였다. 그 시절에 두 사람이 자주 만나서 주고받던 대화 중에 이런 대목이 있다.

"어느 날 김종영이 찾아와서 '진선미가 피라미드처럼 하늘을 향해 서 있으려면 밑바닥에 실용이라는 저변이 받치고 있어야 한다'는 논리를 내세웠다"라고 하면서, 박갑성은 "김종영의 머릿속에는 문과 학생들이 싫어하는 수학에 대한 관심 있기 때문에 나는 한마디도 못했다"고 그의 글에서 밝히고 있다.

철학자 박갑성 말대로 하자면 "김종영은 예술 공부를 하면서 그 무의미하고 무가치한 학문과 다시 만나게 될 것이다. 실용은 기술의 영역이고 기술과 예술의 새로운 요구를 하는 것이다."

박갑성은 자신의 절친한 친구인 우성을 '조각하는 화백'이라는 뜻을 담아 '각백'이라고 부르게 되었다.

그가 개척한 조각의 세계는 무궁무진하다고 해도 지나친 말이 아니다. 나는 우성이 화가인 동시에 조각가인 동시에 뛰어난 서예가라고 늘 생각한다. 그의 붓글씨만 모아서 전시회를 연 적이 있었다. 그의 글씨 앞에 서서 나는 숙연한 마음에 사로잡혔다. 그는 서예가로서도 당대의 일인자라고 가히 말할 수 있다. 서예는 또한 그의 성격을 뚜렷이 나타내고 있었다. 그의 글씨를 보면서 그가 이 시대의 선비였다고 절실하게 깨달았다. 그의 서예는 기교보다는 기백이 넘쳐흐른다고 나는 느꼈다.

이 모든 일들을 되새기면서 한 시대의 예술적 천재이던 우성 김종영을 생각해 보자. 그는 한평생 서울대 조각과 교수였다. 그는 미대 학장을 지낸 적도 있지만 그런 자리에 연연한 사람은 아니었다. 예술가에게 주어지는 모든 명예로운 상을 다 받았지만 우성은 항상 자기 자신에게 엄격한 사람이었다.

그가 만일 반 고흐와 함께 있었다면 그에 버금가는 고갱은 되었을 것이고, 그가 로댕과 함께 파리의 있었다면 로댕과 맞먹는 조각가가 되었을 것이다. 그가 만일 완당 김정희阮堂 金正喜를 모시고 있었다면 그에 버금가는 서예가가 되었을 것이다.

우성의 모든 작품을 '김종영미술관'에 다 모아 놓을 수 있었던 것은 그의 사위 홍호정의 수고의 덕분이다. 우성을 흠모하는 모든 후진들은 사위 홍호정에게 경의를 표해야 할 것이다.

문헌 출처

이 책의 내용은 새로 쓴 것도 있지만, 단행본이나 저널, 도록 등에 실었던 글을 수정하고 보완한 것도 있다. 새로 쓴 글을 제외한 나머지 글들의 원문 출처를 다음과 같이 밝힌다.

인간 각백을 말함 1·2: 김종영, 《초월과 창조를 향하여》, 열화당, 1983 ; 박갑성, 《두 가지 고독》, 자유문학사, 1985, 197~219쪽.
각백과의 소리 없는 대화: 〈계간 미술〉, 1988 가을호, 88쪽.
자각과 통찰: 〈한국 조각계의 영원한 빛 김종영 전〉, 호암갤러리 전시 도록, 1989.
추모전 인사: 〈우성 김종영 10주기 추모전〉, 1992. 10.
'무한'을 넘어 '영원'으로 떠난 사람: 《문화와 나 7/8》, 삼성문화재단, 1996, 17쪽.
김종영 이야기: 이효영 엮음, 〈김종영 조각가의 그림〉, 도록 발문, 가나아트, 1998, 7~9쪽.
김종영 형의 영전에서: 각백, 이젠 좀 쉬시오: 〈선미술〉, 16권, 1982.
김종영: 한국 근대조각의 선구자, 화가로서도 서예가로서도 뛰어난 작가: 김동길, 《백년의 사람들: 김동길 인물한국현대사》, 나남, 2019.

간략 연보

박갑성
朴甲成
1915~2009

세례명 대건 안드레아, 필명은 한록 閑鹿
충남 목천 출생. 휘문고보 졸업
일본 조치대학 철학과 졸업(1940)
서울대 미술대학 교수 겸 학장(1950~1968)
서강대 철학과 교수(1968~1981)
저서 《한가한 사슴》,《두 가지 고독》등
역서 《소크라테스 평전》,《종교와 문화》,
《신의 무덤》,《성 토마스 아퀴나스》등

김종영
金鍾瑛
1915~1982

세례명 프란치스코 대건, 아호는 우성 又誠
경남 창원 출생. 휘문고보 졸업
일본 도쿄미술학교 졸업(1940)
서울대 미술대학 교수 겸 학장(1948~1980)
작품 〈무명정치수 無名政治囚 를 위한 모뉴멘트〉
(영국 런던 공모 콩쿠르 입상),〈전몰학도충혼탑〉
(포항),〈3·1 독립선언기념탑〉(서울 파고다공원)
저서 《초월과 창조를 향하여》
(최종태 편, 열화당, 1983)